SAUVER L'ESPOIR

Du même auteur
aux Éditions Stock

L'ANNÉE DE L'OIE CENDRÉE, en collaboration avec Klaus et Sybille Kalas, 1983.

ENTRETIENS AVEC ERIC LAURENT, 1975.

Konrad Lorenz
Kurt Mundl

Sauver l'espoir

Traduit de l'allemand
par
Nelly de Leiris

Préface de Rémy Chauvin

Stock

Titre original :

RETTET DIE « HOFFNUNG »
(Jugend und Volk Verlagsges. m. b. H. Vienne, Munich.)

Préface

de Rémy Chauvin

Dans ma vie déjà longue, je n'ai rencontré que peu d'hommes qui sortent de l'ordinaire, qui possèdent ce qu'on appelle, à juste titre sans doute, le « génie ». Mon ami Konrad était de ceux-là et aussi un autre Allemand non moins illustre, que j'ai moins bien connu, Karl von Frisch, « von Frisch des abeilles », celui qui a fait avancer nos connaissances sur l'abeille à lui tout seul beaucoup plus que dans les deux mille ans qui l'ont précédé.

On n'aurait pu imaginer personnages plus différents... Von Frisch était petit, de peu de paroles, assez sourd de surcroît (surtout, disaient les mauvaises langues, quand il n'avait pas envie d'entendre). Sa réserve parfois glacée était celle de Karl Ritter von Frisch, Charles, chevalier de Frisch, comme on eût dit au XVIIIe siècle où l'on traduisait tout en français. Quant à l'ami Konrad, il était très grand et large à proportion, une vaste barbe, une très belle figure, la tête de Jupiter olympien... et par-dessus le marché c'était un Viennois, qui avait eu une nourrice française. Il connaissait bien notre langue, ainsi que deux ou trois autres. C'était l'exubérance et la gaieté personnifiées.

Je l'ai connu dans des circonstances assez particulières. J'avais déjà appris l'allemand tout seul, dans le but de lire les travaux de von Frisch qui paraissaient alors dans la célèbre revue, les *Annales de physiologie comparée, Zeitschrift für vergleichende Physiologie* ; j'avais été ébloui par le génie expérimental de von Frisch qui par-dessus le marché écrivait un allemand limpide, clair comme de l'eau de roche (*Krystallklar,* comme ils disent outre-Rhin).

Et là-dessus, je découvre beaucoup plus tard un autre article, « Le compagnon dans l'univers des oiseaux » (« *Der Kumpan in der Umwelt der Vögel* ») d'un homme dont on commençait à parler, Konrad Lorenz. Personne chez nous n'avait lu l'article, car les scientifiques français ignoraient et ignorent toujours la langue allemande. C'est une énorme erreur, non moins grande que celle qu'ils font actuellement en s'entichant exclusivement de l'anglais... Aïe ! C'était beaucoup plus dur à lire que von Frisch ! Surtout parce que cela faisait appel à des notions tout à fait nouvelles pour moi (et pour beaucoup d'autres). Mais ici quelques mots d'explication ne sont pas superflus.

J'ai été élevé comme tous les hommes de ma génération (une vieille génération !) dans les idées du mécanisme le plus étroit. Je m'occupais de comportement animal, science universellement décriée à ce moment-là, alors qu'elle était en train de prendre en Hollande, en Angleterre et en Allemagne, un départ foudroyant. Nous n'en savions rien, murés dans notre orgueil cartésien (la plupart des scientifiques français soi-disant cartésiens n'ont jamais lu une seule ligne des *Regulae ad directionem ingenii* et ne parlent de Descartes que par ouï-dire). Dans le mécanisme appliqué aux sciences du comportement, il y avait quelque chose de nature à plaire aux hommes de science qui portent aux mathématiques une vénération naïve : Loeb et quelques autres avaient montré ou cru montrer que le comportement animal était entièrement élucidé grâce à la théorie des *tropismes* (du grec *tropê*, « je tourne ») ; par exemple, quand un insecte va vers la lumière, il y va automatiquement, même si cela l'amène à se jeter dans les flammes ; tout se ramène à des tropismes automatiques ; et, on le laissait entendre, même le comportement humain.

Nous étions quelques-uns, fort peu nombreux, et en particulier mon maître Grassé, à nous impatienter de ce dogmatisme ; à dire que, après tout, sur le comportement animal, nous ne savions presque rien ; et à faire remarquer que dans les expériences prétendument les mieux établies existaient des faiblesses de méthode aveuglantes pour qui savait bien les regarder.

En voilà un exemple : j'ai raconté à mes étudiants à cette époque lointaine la fameuse expérience de la chenille du Bombyx cul-brun, introduite dans un tube orienté vers le soleil : elle se dirige machinalement vers la direction des rayons, même si l'extrémité du tube est fermée : alors l'échauffement va la faire périr très vite ; regardez comme elle est bête, disaient les disciples des tropismes, combien son comportement est automatique, combien il est faux de vouloir introduire une adaptation ou une finalité dans les machines idiotes qui nous entourent... Oui, je l'ai raconté aux étudiants, parce que je n'avais rien d'autre à leur proposer, parce que c'était au programme, et aussi parce que mes propres idées n'étaient pas claires, bien que l'histoire de la chenille dans son tube me parût moins claire encore.

Là-dessus intervient un iconoclaste : il a l'audace de dire au monde savant stupéfait que les chenilles de cul-brun ne vivent point dans les tubes de verre, mais sur les feuilles des arbres ; et il les a bien regardées, et dussent les colonnes du temple de la science s'écrouler, il va dire ce que font ces chenilles impies, qui sans doute n'ont jamais lu Loeb : quand il y a du soleil — non, j'ose à peine le dire ! — *elles se mettent à l'ombre.* Mais alors pourquoi vont-elles invariablement vers le soleil quand on les met dans le tube ? Parce que dès qu'elles sont introduites à l'extrémité, elles ne peuvent qu'avancer, ne disposant pas d'une marche arrière ; et quand elles sont à l'extrémité, elle ne peuvent faire demi-tour, le tube étant trop étroit...

Il y avait des quantités d'expériences de cet ordre, qui maintenant nous feraient lever les bras au ciel... Mais on pouvait quand même mesurer la vitesse de la chenille qui avance dans le tube, suivant l'intensité du faisceau lumineux qui remplace le soleil ; on pouvait étudier l'influence sur la vitesse des différentes longueurs d'onde, voir l'effet de l'âge de la chenille et de son état physiologique sur le comportement tropistique, etc., bref amasser des monceaux de chiffres et les mettre en courbes et en graphiques ; ce que beaucoup d'entre nous firent sans réfléchir à plusieurs faits : la chenille ne vit pas dans des tubes de verre, mais sur des feuilles, elle ne vit pas dans un espace resserré, elle n'est pas exposée sans abri aux rayons brûlants du soleil : mais, *à moins d'être mort, l'organisme réagit toujours, d'une manière ou d'une autre,* si anormale que soit la situation. Un homme qui se noie présente une série de réactions variées, qu'on peut aussi mettre en courbes : je doute que cela nous instruise beaucoup sur le comportement de l'homme (incidemment, un test pharmacologique porte sur le comportement des souris qui se noient : il est vrai que les pharmacologues ont pour but de tester des drogues qui puissent se vendre, et non d'étudier le comportement des souris).

Enfin, nous en étions là, avec une nasse pleine de chiffres dont nous ne tirions rien de précis. Hélas, soupirait un de mes amis, quand les hommes de science sont bêtes, ils le sont plus que tout le monde, car ils sont bêtes avec méthode.

Un peu auparavant, le jeune Lorenz, dont la jeunesse insouciante s'était passée dans la forêt viennoise à regarder les animaux, commençait un stage en Amérique poussé par son père, célèbre chirurgien, qui voulait lui mettre un peu de plomb dans la tête ; il s'inscrit au cours du fameux Mac Dougall, un des pères de la psychologie expérimentale qui ne jurait que par le rat dans le labyrinthe, autre toquade qui faisait rage dans mes jeunes années : on place le rat dans le labyrinthe, et il se comporte, bien sûr, comment ne se comporterait-il pas, puisqu'il n'est pas mort ? Il va à droite et à gauche, on note ses erreurs avant qu'il n'atteigne l'extrémité de l'appareil, où se trouve la récompense ; on peut obtenir aussi des quantités de chiffres en notant les erreurs, leur emplacement, leur ordre d'élimination, les repères sentoriels, ce qui, j'en conviens, n'est pas absurde, toujours moins que de faire frire une pauvre chenille dans un tube au soleil.

Néanmoins, le jeune Lorenz écoute tout cela avec stupeur d'abord, avec ennui ensuite. Mais, se dit-il, qu'ai-je à faire du rat blanc dans son labyrinthe ? Encore ignorait-il qu'on eût besoin plus tard d'étudier le rat sauvage aux fins de dératisation ; et on s'aperçut que le comportement de cet animal, très intéressant et complexe, n'avait bien entendu *rien à voir* avec le comportement du rat blanc dans le labyrinthe.

Pour moi, se disait Lorenz, poursuivant ses réflexions, j'ai observé les bêtes dans la nature : elles ne passent pas leur temps à parcourir un labyrinthe, bien qu'évidemment elles sachent s'orienter ; un de leurs soucis est de trouver un conjoint, de se faire accepter de lui par toutes sortes de parades, de « discuter » avec un rival et de l'éliminer le cas échéant, de baliser un territoire de manière à en connaître très précisément les limites, de trouver de la nourriture pour les petits, etc. Pourquoi Mac Dougall ni les autres ne se soucient-ils jamais, par exemple, du rôle du compagnon dans l'univers de l'oiseau, puisque l'oiseau ne le perd jamais de vue longtemps et agit en fonction de ce qu'il fait ? Et, au fait, pourquoi ne parlent-ils jamais ici des oiseaux, à part, peut-être, le pigeon, de temps en temps ?

Bref, mon ami Konrad finit par revenir en Europe : l'Amérique ne lui avait pas beaucoup mis de plomb dans la tête et il était toujours aussi non conformiste qu'avant, face à la science officielle.

Il lui vint assez vite des élèves et la conviction qu'il n'avait qu'à progresser à son pas, sans trop se soucier des rats dans le labyrinthe. Et c'est cela qui l'amena à rédiger ses premières idées dans l'article qui m'avait si fort intrigué : le compagnon dans l'univers de l'oiseau.

Voilà l'essentiel de la méthode de Lorenz qui est, comme toujours dans le cas des idées de génie, très simple : *il faut regarder les animaux très longtemps,* sans préjugés, sans idées préconçues, *avant de théoriser et non après.* C'est le contraire de ce que tout le monde faisait, à quelques exceptions près, jusqu'à Lorenz ; parmi les exceptions, je n'aurais garde d'oublier mon maître le grand Fabre, qui suivait en tous ses points, avant la lettre, la méthode lorenzienne. Tous les maîtres de la psychologie expérimentale se sont fait de la méthode scientifique une idée trop rigide supposant que l'esprit humain sait déjà comment il faut prendre la nature : il n'y a donc qu'à former des hypothèses et ensuite, en utilisant la méthode hypothético-déductive, à les vérifier par des expériences bien conçues. Ainsi, le souci éperdu de rigueur grâce auquel les psychologues croient se faire accepter plus facilement par les hommes des sciences pures, les pousse à des théories de plus en plus éloignées du réel ; ils oublient un point : *comment savent-ils que l'hypothèse qu'ils ont formée est la bonne ?* C'est à quoi répond la méthode lorenzienne : selon elle la bonne hypothèse ne surgit qu'*après* une longue familiarité avec la nature *et non pas avant.* Si vous négligez cela vous saurez tout sur le rat dans le labyrinthe, *animal qui n'existe pas* en dehors de vos conditions expérimentales, et rien sur le rat sauvage, *animal réel* dont il s'agit de connaître les mœurs. J'étais enthousiasmé. Conquis. Je comprenais tout à coup pourquoi je me trouvais si mal à l'aise dans la psychologie expérimentale.

Il me restait à connaître Lorenz lui-même. Il m'invita à un des premiers congrès qu'il organisa tout de suite après la guerre à Buldern, un petit village de Westphalie. Le congrès se tenait dans un vieux château au milieu d'une foule de jeunes gens qui plus tard sont devenus célèbres, à peu près tous. Nous étions deux Français, pas célèbres du tout et assez gênés, mesurant le retard effroyable de l'éthologie, la science des mœurs animales, dans notre pays. Et toute l'Allemagne savante avait, non sans une curiosité maligne, les yeux fixés sur Buldern, car il était connu que le grand Konrad était capable de tout, mais pas d'organiser un congrès.

Et, en effet, les choses se gâtèrent tout de suite : Lorenz avait tout simplement disparu ! Je vois encore un de ses élèves surgissant angoissé dans la salle en gémissant : « *Der Prälat ist schon da !* (L'évêque est déjà là) », c'est-à-dire l'évêque qui obtenait les crédits pour le laboratoire à la Diète fédérale, le protecteur du labo en quelque sorte. Diable !

On a fini par trouver Konrad, qui avait comme de juste complètement oublié son congrès et pataugeait dans la vase, en train d'observer ses canards. On l'a agrippé et remorqué dans la salle de conférences, en cuissardes, répandant une salubre odeur de vase. Il a fait de bonne grâce un discours un peu long, puis a repris le chemin de la porte ; mais deux de ses élèves lui ont barré respectueusement et fermement la sortie, et ont fini par lui faire admettre qu'il devait rester au congrès. Le soir, nous allions dîner à l'unique — et infecte — auberge du village. Nous entendons courir derrière nous.

« Messieurs, nous dit l'évêque en excellent français, je vous ai entendu dire que vous alliez dîner. Où cela ? Moi aussi, je voudrais bien manger quelque chose.

— Monseigneur, lui répondis-je, effaré, le Pr Lorenz ne vous a pas invité à dîner ?

— Non, il a oublié, c'est toujours comme cela », nous répondit en riant le dispensateur des crédits...

Ce qui prouve que personne ne pouvait en vouloir à l'ami Konrad.

Le livre que vous allez lire respire la nature et aussi l'angoisse éprouvée par Lorenz à la pensée des menaces chaque jour plus lourdes qui pèsent sur elle. On s'apercevra très vite de la connaissance profonde, charnelle en quelque sorte, que Lorenz avait d'elle. Il a toujours vécu immergé dans sa forêt viennoise. Il en connaît chaque animal et chaque plante. Mais le plus important, c'est la qualité des arguments qu'il développe : ce n'est pas tout de signaler les dangers de la pollution ou d'un traitement inconsidéré des forêts : il faut encore en connaître exactement les répercussions. Je ne vois personne qui les distingue aussi bien et les expose avec autant de clarté que Lorenz, le tout sans l'ombre d'esprit pédantesque.

Et, bien sûr, il ne s'occupe pas seulement des animaux, il pense aux hommes : pourrions-nous vivre sans la nature qui nous a entourés si longtemps ? Tout le monde sent bien que non ; mais la vie serait-elle possible même sans qu'elle soit détruite, mais gravement et irréversiblement endommagée ? Personne ne le croit non plus ; le compliqué est que des lésions en apparence minimes de l'équilibre naturel amènent des conséquences non pas visibles, mais lointaines : et, lorsqu'on s'en aperçoit, elles ne sont pas réversibles. Il faut lire ce livre ; mais j'en retire, en dépit de son agrément, une certaine inquiétude.

Enfin, nonobstant les livres de Lorenz traduits en français, c'est je crois la première fois qu'une conversation très étendue avec Lorenz nous est proposée dans notre langue. J'ai tenté d'exposer les principaux axes de sa pensée, mais elle était fort riche, et j'en ai évité les aspects trop techniques. On devinera néanmoins la qualité de l'homme, sa science profonde que ne dépare pas un sens de l'humour toujours présent (voir, par exemple, lorsqu'il déclare tout de go qu'il a d'abord été un myome, c'est-à-dire une tumeur : le médecin avait cru que sa mère, enceinte, était atteinte d'un cancer !

Mon ami Konrad n'est plus. J'aime à penser qu'il se promène maintenant, radieux, dans les prairies éternelles, parmi l'infinité des créatures de Dieu ; il n'y croyait pas, quel dommage...

Avant-propos

Genèse d'un livre

Le mois d'octobre 1978 fut très humide. Par une journée pluvieuse, mon ami Robert Czeck, qui avait arrêté devant ma porte son véhicule de livraison, m'engagea à l'accompagner. « Viens avec moi chez le professeur ! » proposa-t-il. Marchand d'animaux, Czeck était l'un des fournisseurs attitrés de Konrad Lorenz. Il lui procurait régulièrement des poissons de récifs coralliens.

J'étais depuis l'enfance un lecteur passionné de ce qu'avait écrit Konrad Lorenz, et j'avais peine à croire que j'allais faire ainsi la connaissance de mon idole. Deux heures plus tard, je me tenais pourtant bel et bien, tremblant d'émotion, devant cet homme aux cheveux et à la barbe blancs comme neige. Son accueil fut si chaleureux que les battements de mon cœur s'apaisèrent. Il m'offrit la meilleure place devant le « grand aquarium ».

Avec la joie d'un enfant recevant un cadeau longtemps désiré, Konrad Lorenz se hâta de retirer les poissons de leur poche de plastique, et lâcha ses nouveaux animaux d'observation dans son aquarium de trente-deux mille litres. Apparemment satisfait, il s'enfonça avec bonheur dans son vieux fauteuil en cuir et commença à nous parler avec enthousiasme des poissons de récifs coralliens. Au bout d'un moment, il me demanda : « Vous intéressez-vous, vous aussi, aux poissons de mer ? » Je répondis que j'avais deux spécialités, les ranidés (famille des grenouilles) et les colubridés (famille des couleuvres). Par ailleurs, une salamandre tachetée m'avait tenu lieu d'animal de compagnie lorsque j'étais enfant. Konrad Lorenz se mit à rire : « Quel curieux hasard ! Le premier animal que j'ai eu était aussi une salamandre tachetée ! » Ce point commun constitua le départ d'une conversation animée. Je ne vis pas le temps passer. Le Pr Lorenz me dit, quand nous prîmes congé : « J'espère vous avoir contaminé avec mes idées. Si vous avez besoin de quelque chose, n'hésitez pas à venir me voir. »

La contamination avait été telle que j'eus l'honneur, deux semaines plus tard, d'être reçu de nouveau chez les Lorenz. Au cours du déjeuner, entre une excellente fricassée et un dessert délicieux, j'exposai mon idée de publier un recueil illustré sur la forêt de notre région. Konrad Lorenz ne jugea pas mon projet irréalisable. Je n'avais pourtant que dix-neuf ans à l'époque. Il me promit même, après avoir examiné mes documents, de rédiger la préface du livre. Je fus plus heureux encore lorsqu'il annonça à sa femme : « Mon jeune ami a une excellente idée : il a l'intention d'écrire un livre sur la forêt. » Je n'imaginais pas alors que cette préface serait la première de toutes celles qu'il rédigerait pour moi. A maintes reprises, Konrad Lorenz m'a prêté son appui désintéressé dans ma carrière professionnelle de journaliste scientifique. Il a écrit des articles commentant les téléfilms que j'ai réalisés par la suite, qu'il présentait lui-même devant la caméra ; il s'est toujours montré disposé à m'accorder une interview.

Dix années se sont écoulées, jalonnées d'heures inoubliables, d'après-midi et de soirées passées dans la maison des Lorenz, dans leur jardin ou dans le bâtiment abritant l'aquarium. A chaque visite j'apportais un magnétophone. J'avais la grande chance de le rencontrer plusieurs fois par an, dans le cadre de mon métier et aussi à titre privé. Nous nous entretenions longuement et nos propos n'avaient plus rien de commun avec le jeu de questions et de réponses pratiqué entre le journaliste et l'interviewé. Une somme inestimable sur les sujets les plus divers s'est ainsi constituée.

1988 n'est pas seulement l'année des quatre-vingt-cinq ans de Konrad Lorenz[1]. Pour moi, 1988 marque également un autre anniversaire : dix années d'entretiens avec un homme à qui je dois beaucoup.

Je me sens le devoir de rassembler ces conversations dans un livre afin que d'autres que moi puissent aborder la pensée complexe de l'homme et du scientifique Konrad Lorenz, qui n'a pas cessé de croire en l'humanité d'aujourd'hui tout en critiquant ses agissements.

Kurt MÜNDL.
Kirchstetten, le 15 août 1988.

1. Ce livre a été publié en langue allemande avant la mort de Konrad Lorenz, survenue le 27 février 1989. Il fait aujourd'hui figure de testament. *(N.d.T.)*

[illegible]

[illegible]

Les années [illegible] inoubliables d'après-midi et de soirées passées dans la maison des Lorenz, dans leur jardin [illegible] Altenberg [illegible] l'aquarium. À chaque visite [illegible] j'avais le grand [illegible] de rencontrer [illegible] à votre prière. Nous nous [illegible] longuement et nos propos [illegible] comment avec le jeu de questions [illegible] entre le journaliste et l'interviewé. Un [illegible] ininterrompu sur les sujets les plus divers s'est ainsi [illegible].

1988 n'est pas seulement l'année des quatre-vingt-cinq ans de Konrad Lorenz. Pour moi, 1988 marque également un autre anniversaire : dix années d'entretiens avec un homme à qui je dois beaucoup.

Je me sens le devoir de rassembler ces conversations dans un livre afin que d'autres que moi puissent sonder la pensée complexe de l'homme et de l'éthologue que Konrad Lorenz, qui n'a pas cessé de [illegible] l'humanité d'aujourd'hui tout en critiquant ses agissements.

Kurt Mündl
Rothenthurn, le 1er avril 1988.

[illegible]

1

La vie d'un naturaliste

« Si je ne m'étais pas occupé d'animaux sauvages dans ma petite enfance — un caneton domestique ne présente pas de différences essentielles avec un caneton sauvage —, si je n'avais pas eu avec eux des échanges, des contacts concrets, familiers, je serais peut-être devenu ingénieur. »

Konrad Lorenz parle de lui-même

Beaucoup de choses ont déjà été dites sur vous. Comment décririez-vous vous-même votre itinéraire ?

J'ai d'abord été pris pour un myome [1], et tout a commencé à ce moment-là. Ma mère avait plus de quarante ans. Je n'étais pas un enfant non désiré, bien au contraire, mais mon arrivée en ce monde causa une réelle surprise à mes parents qui eurent du mal, au moins les premiers temps, à admettre mon existence.

Donc, première étape : un myome. Ma croissance fut si rapide que l'on me qualifia de tumeur maligne. C'est Chrobak, le fameux médecin accoucheur de la maison impériale, qui avait établi ce diagnostic. Mon père, lui-même médecin, se faisait beaucoup plus de souci que d'autres futurs pères sur la nature de ce qui se développait là, dans le ventre de sa femme. C'est pourquoi il l'avait envoyée consulter le célèbre Chrobak qui diagnostiqua un myome. Lorsque ma mère, quelques semaines plus tard, retourna chez le Dr Chrobak

1. Tumeur bénigne, ici de l'utérus, plus couramment, mais improprement, appelée fibrome. *(N.d.T.)*

avec le diagnostic exact, le célèbre obstétricien lui aurait dit : « Chère madame, qui aurait pu penser à cela ? » A quoi ma mère aurait répondu du tac au tac : « Eh bien, un spécialiste de renom, par exemple, aurait pu y songer... »

Mon père n'avait pas du tout l'esprit tranquille. Il doutait fortement qu'un enfant né de parents relativement âgés puisse avoir un développement normal. Pourtant j'ai obtenu la chaire de philosophie que Kant avait occupée à Koenigsberg, et j'ai reçu le prix Nobel, ce qui n'est quand même pas si mal.

Ma vie a été constellée de hasards heureux. Ma première chance fut de vivre mon enfance à la campagne, dans une maison avec un grand jardin. Mes parents, tolérants, m'ont permis de faire beaucoup de choses. Très tôt dans ma vie, les animaux se sont trouvés sur mon chemin : il est bien connu que les enfants aiment incarner un animal ou une personne. Ils jouent « au canard », « au lapin », « au conducteur de locomotive ».

Mon premier jeu a été celui du hibou. Je voulais être un hibou parce que les hiboux ne sont pas obligés d'aller se coucher le soir. Le grand ptérocarya [1] qui s'élève devant la maison s'appelle encore dans notre langage familial « l'arbre du hibou », parce que j'y ai joué. Il est facile de grimper sur un jeune ptérocarya, qui a de nombreuses branches horizontales. L'avant du tronc m'appartenait ; l'arrière, plus difficile à escalader, était le domaine de ma future femme, plus âgée et meilleure grimpeuse que moi. Le hibou symbolisait mon idéal.

Puis j'appris à nager. A peu près à la même époque,

1. Arbre proche du noyer.

je me suis intéressé à l'eau pour une autre raison. On me donna une salamandre tachetée qui eut des petits : mes premiers animaux d'aquarium furent des larves de salamandre. Le hibou eut alors le défaut de ne pas savoir nager… A cette même période je lus par hasard le livre de Selma Lagerlöf : *Le Merveilleux Voyage de Nils Holgersson*. Par une curieuse coïncidence, mon ami Karl Popper a raconté que c'était également le premier livre qui l'avait beaucoup marqué. « Seulement, a-t-il ajouté au cours d'une émission de télévision, je suis tombé amoureux de Selma Lagerlöf alors que Konrad Lorenz est tombé amoureux des oies sauvages. » Je devins une oie sauvage et je jouais à l'oie ou au canard. Souvent, chez l'enfant, les notions « d'être » et « d'avoir » se confondent, et j'émis le souhait de posséder une oie à la maison, à défaut d'en être une. Ma mère s'opposa à ce désir car les oies font trop de dégâts dans un jardin ; je dus me contenter d'un caneton domestique. Mon père, lui, n'était pas d'accord : il pensait que cela tournerait mal et qu'un caneton soigné par un garçonnet de cinq ans mourrait certainement. J'avais alors une gouvernante, Resi Führinger, issue d'une riche famille de paysans du nord de la Basse-Autriche qui envoyaient leurs enfants à Vienne pour se former au métier de gens de maison. Resi possédait un don pour s'occuper des animaux. Elle prit soin aussi bien des larves de salamandre que du caneton. Je ne prétendrais pas les avoir élevés moi-même, mais de fait, ni les salamandres ni le caneton ne moururent.

Je me souviens, comme si c'était hier, d'avoir un jour compris que le caneton pleurait, troublant ma conscience. Il pleurait en faisant « pii, pii, pii ». A l'époque je connaissais déjà les sons produits par le canard pour conduire sa progéniture, ce qui est méritoire pour un enfant de cinq ans. Je fis alors « oarrk pouou pouou pouou oarrk pouou pouou pouou ». Le petit canard cessa instantanément de se plaindre et fit entendre le « pipipp pipipp pipipp » habituel. Il se mit à me suivre alors partout. C'est ainsi que je découvris la notion d'« empreinte ».

Ces faits de ma petite enfance sont ancrés dans ma mémoire. J'ai toujours été convaincu que nous sommes apparentés aux animaux, que nous sommes de la même essence qu'eux. Cette certitude a été d'une importance capitale pour mon travail sur la théorie évolutionniste de la connaissance[1], considéré, certainement à juste titre, comme mon œuvre majeure. Je suis persuadé que les animaux sont des sujets vivants, comme moi, en rien meilleurs ni pires. J'ai cru que le caneton pleurait et j'ai essayé de le consoler. L'attitude fondamentalement modeste que j'adopte par rapport à tout être humain et à toute créature vivante est peut-être l'élément le plus important de mon éducation.

Revenons à mon histoire : amoureux des canards, j'en ai eu plusieurs et je me suis intéressé aux différentes espèces. Puis j'ai eu un aquarium et j'ai entrepris d'y élever des poissons. A ce propos, je vante aussi souvent que possible les vertus éducatives de l'aquarium. Nous avons décidé de ne pas remettre le prochain prix Konrad-Lorenz à une seule personne, mais d'acheter un aquarium à plusieurs et de donner le prix, un an plus tard, au possesseur du meilleur aquarium. C'est une excellente idée ! Elle correspond à mes conceptions et, en ce qui me concerne, l'aquarium fut très formateur. Grâce à lui, les enfants s'initient à l'éthologie : un

1. Cf. *L'Envers du miroir, une histoire naturelle de la connaissance* (Flammarion), et *Évolution et Modification du comportement* (Payot).

aquarium constitue un système fermé, *in vitro,* qui peut être anéanti complètement. L'enfant apprend très jeune les méfaits de la surpopulation : qu'il ne résiste pas à l'envie d'acheter un poisson supplémentaire, puis un autre encore, et subitement la population de l'aquarium est condamnée.

Je connaissais donc différentes espèces ou familles de poissons, des zahnkärplinge vivipares et des cichlidés. J'ai dit que je connaissais également différentes espèces de canards. En fait je souhaitais étudier la paléontologie. Voici une histoire à ce sujet.

J'étais assis sous le ptérocarya et je goûtais d'une tartine de miel. Une guêpe vint s'y poser. Ma mère prit peur et voulut la chasser, mais mon père s'y opposa et me fit observer la guêpe, en particulier la partie postérieure de son corps qui est le siège de la respiration et dont les différents segments s'emboîtent comme des télescopes. Il m'expliqua qu'il s'agissait d'un insecte, constitué de métamères (segments articulés) animés d'un joli mouvement dû à la respiration. Il me fit comprendre que, loin d'être affreuse, une guêpe était belle. Cette scène m'a tellement marqué qu'aujourd'hui encore je me souviens parfaitement du lieu où elle s'est déroulée. Etrangement, nous gardons en mémoire les lieux associés à de telles anecdotes.

Peu de temps après, je découvris un ver de terre qui, pour se déplacer, rentrait ses segments les uns dans les autres puis les étirait de façon télescopique. J'interrogeai mon père pour savoir si le ver de terre appartenait aussi à la catégorie des insectes, mais mon père se trouva dans l'incapacité de me répondre. Lui, médecin, ne savait quelle explication me donner. Quelque temps après, je reçus le livre de Wilhelm Bölsche, *Les Jours de la création,* où figurait une image de l'archéoptéryx, cet oiseau originel qui avait encore des dents et une longue queue de saurien avec quelques plumes au niveau de chaque vertèbre. Il m'apparut alors évident — je devais être un enfant très intelligent — que le ver de terre est à la guêpe ce que l'archéoptéryx est à l'oiseau que nous connaissons ! Je jure que je ne me vante pas.

On me lisait ce livre à haute voix, ce qui prouve que j'étais alors très jeune, puisque j'ai lu tout seul couramment vers six ou sept ans. Je peux même encore dessiner de mémoire les illustrations de ce recueil de Bölsche. Il y avait là, entre autres, un *Anglicus*, c'est-à-dire une espèce d'écrevisse primitive. Resi, ma gouvernante, n'arrivait pas à prononcer les noms latins correctement. Dans ce livre figuraient des iguanodons, représentés à demi immergés à proximité des côtes de la mer du Nord. Je suis certain que Resi nous a lu ce passage concernant les iguanodons, car elle se trompait toujours et prononçait « igonaonodon ». Ma future femme et moi — enfants, nous étions voisins —, nous avons souvent joué aux « igonaonodons » après cette lecture. Pour ce faire, nous enfoncions dans la ceinture de notre pantalon des bouts de tuyaux d'arrosage usagés nous tenant lieu de queue. Nous pointions les pouces vers le haut (l'iguanodon était pourvu de pouces acérés comme des griffes, qu'il utilisait pour se défendre) et nous nous promenions ainsi d'un air solennel dans le jardin.

A cette époque, j'avais déjà mesuré l'importance de la théorie de l'origine des espèces, ou phylogenèse. L'ouvrage de Bölsche m'avait tellement impressionné que je voulus par la suite devenir paléontologue. Je pensais que la paléontologie, c'est-à-dire l'étude des animaux et des plantes fossilisés, représentait ce qu'il y avait de plus intéressant. L'évolution des espèces constituait pour moi, à l'évidence, la principale énigme de l'univers.

Je me rappelle avoir raconté à mon père au cours d'une promenade sur le Vorderberg tout ce que Resi nous avait lu. Lorsque j'étais enfant, je parlais sans arrêt si bien que mon père m'enjoignait souvent d'un ton suppliant de me taire un instant. Ce jour-là, il ne dit rien. Il m'écoutait lui expliquer l'évolution des espèces et acquiesçait en souriant. Je compris soudain qu'il savait déjà tout cela ! Sur le moment, je lui en voulus énormément : connaissant des faits d'une telle importance, il n'avait pas jugé nécessaire de me les expliquer !

Ces expériences de ma petite enfance me poussaient à étudier la paléontologie. Mais mon père s'opposa à ce projet et voulut que je fasse des études de médecine. Je lui obéis. Ces études n'ont pas été vaines puisque j'ai pu ainsi entrer en contact avec Ferdinand Hochstetter qui enseignait l'anatomie systématique. Sa spécialité était l'anatomie comparée, en particulier l'embryologie comparée.

Hochstetter avait le don de faire comprendre avec beaucoup de clarté et de rigueur la méthode permettant de reconstituer l'évolution de formes animales vivantes, contemporaines, d'après les similitudes ou au contraire l'absence de similitudes entre les espèces. Je le vois encore s'exclamant : « Ne parlez pas d'" animal primitif ", cela n'existe pas. Il y a seulement des caractères primitifs. » Même le *Rhynchocephalia* devenait un animal « moderne » ! C'était formidable ! J'étais alors assez malin — j'avais dix-huit, dix-neuf ans — pour remarquer que la méthode élaborée par Hochstetter en morphologie pouvait être appliquée, telle quelle, aux caractéristiques du comportement des canards et des cichlidés. Ainsi est née l'éthologie (recherche comparée sur le développement) !

Cette même année, je fis la connaissance d'un précurseur, Oskar Heinroth, qui avait déjà utilisé dans ses travaux la théorie de l'évolution comparée. Il est l'auteur d'un livre révolutionnaire, *Les Oiseaux d'Europe centrale*. Des années plus tard, nous avons découvert l'existence d'un Américain, Charles Wittman, qui avait écrit la même chose dix ans avant Heinroth, en 1899. Donc mes prédécesseurs furent Wittman en 1899, Heinroth en 1914, mes premiers travaux datant de 1923.

Par la suite, j'ai pu poursuivre mes recherches en éthologie. J'obtins un poste de maître de conférences en psychologie comparée. Parallèlement, je passai une thèse en anatomie comparée, qui me permit d'être chargé de cours dans cette matière. Il n'était pas courant à cette époque d'être assistant dans deux facultés à la fois (la psychologie était enseignée à la faculté de philosophie). A nouveau la chance me tendit la main, ma troisième grande chance : j'ai été nommé à l'université de Koenigsberg. A l'origine, la chaire de philosophie vacante à Koenigsberg était destinée à Eduard Baumgarten, un philosophe pragmatique originaire de l'Etat du Wisconsin. Mais l'ombre de Kant lui faisait peur ! Baumgarten jouait de la musique de chambre avec Erich von Holst, et il lui demanda s'il connaissait un psychologue ayant une formation de base en biologie et s'intéressant à l'*a priori*, à l'inné. C'est ainsi que j'entrai en scène. A Koenigsberg, je fus plongé dans la philosophie transcendantale d'Emmanuel Kant. Je rédigeai là mes premiers travaux, fondés sur la théorie évolutionniste de la connaissance, précédant de peu mon ami Karl Popper.

Les idées nouvelles se développent discrètement, sans que l'on y prête attention, à l'arrière-plan, un peu à la façon du mycélium des champignons dont le réseau s'étend sous la terre. Les champignons qui surgissent çà et là à la surface semblent indépendants les uns des autres. Ils ne sont que les fruits, symboles des êtres humains plus ou moins dispersés prenant conscience en même temps d'une nouvelle idée.

Je pense que si j'ai précédé Karl Popper dans l'exposé de la théorie évolutionniste de la connaissance, c'est parce que j'étais imprégné de la philosophie de Kant. Il apparut que là non plus je n'étais pas le premier à formuler cette théorie : cent ans avant moi exactement, Ludwig Boltzmann en avait énoncé les principes fondamentaux : « Qu'en sera-t-il, avait-il dit, des formes de pensée et des conceptions kantiennes fondées sur l'*a priori* ? Elles se sont développées en confrontation avec la réalité du monde. » Ainsi, il y a plus de cent ans, Ludwig Boltzmann avait-il, le premier, exposé la théorie évolutionniste de la connaissance.

J'ai eu dans ma vie chance sur chance. Prenons par exemple mon premier animal domestique, cette salamandre tachetée. Lorsqu'on m'autorisa à l'emporter à la maison, mon père me donna la consigne impérative de la remettre en liberté une semaine plus tard, craignant qu'elle ne meure en raison des soins douteux que je lui aurais prodigués. Je n'avais que cinq ans... Il estimait qu'elle survivrait une semaine, mais guère plus. Il n'avait pas pensé à une chose : que faire si la salamandre avait des petits ? La salamandre retrouva sa forêt d'origine et je fus autorisé à garder les larves. Ce fut pour moi une expérience passionnante. La salamandre tachetée que je n'ai gardée qu'une semaine aurait-elle eu la même influence sur ma vie que ces larves dont la métamorphose dure des mois ? Pour un enfant cela représente une longue période d'observations et d'expériences. Si la salamandre n'avait pas eu de petits, qui sait ce qui serait arrivé ? Ma vie aurait peut-être pris un cours différent.

Si je ne m'étais pas occupé d'animaux sauvages dans ma petite enfance — un caneton domestique ne présente pas de différences essentielles avec un caneton sauvage —, si je n'avais pas eu avec eux des échanges, des contacts concrets, familiers, je serais peut-être devenu ingénieur…

Vie de famille

Depuis votre retraite, hormis quelques courtes absences, vous résidez à nouveau dans la maison de vos parents, ici, à Altenberg.

Tant de souvenirs sont liés à cette maison et à ce jardin ! Mon enfance, mais aussi les débuts de mon activité scientifique. Que d'heures agréables passées là avec ma famille, avec des amis proches, avec des relations de travail...

Cette maison est née à peu près en même temps que moi. Avant que mes parents la fassent construire, nous habitions de l'autre côté de la route, dans le pavillon qui abrite aujourd'hui le grand aquarium. A cette époque, mon père venait de faire une découverte d'une extrême importance : il avait mis au point un système de coquille de plâtre permettant d'éviter une intervention chirurgicale sur des enfants souffrant d'une luxation de la hanche. Il eut la chance de s'occuper d'une patiente américaine très riche, fille d'un géant millionnaire du corned-beef. Les soins qu'il prodigua donnèrent, à ce qu'il semble, pleine satisfaction à cet homme qui avait craint le pire pour sa fille et se montra très généreux. Ce succès monta apparemment un peu à la tête de mon père, qui décida de construire la maison. Cela nécessitait un brillant architecte, car mon père souhaitait un mélange d'éléments *Jugendstil* (style 1900-Art nouveau) et d'éléments baroques. La maison a pu être construite en grande partie parce que ma mère, très occupée par les soins dévolus à mon développement, n'intervenait guère. L'architecte, apparemment dépassé par le projet dont il avait la charge, devint littéralement fou au cours des travaux et fut atteint de paralysie. Les problèmes qu'il rencontra lors de la construction devinrent insolubles lorsqu'on parvint aux chambres de l'étage. Dans l'une d'elles on pouvait compter jusqu'à treize angles ! Je n'exagère pas. Cette chambre fut la mienne pendant longtemps et je ne pense pas que les treize angles me causèrent le moindre préjudice... Ma mère prétendait que l'état de l'architecte empirait avec l'avancement des travaux. La maison plaisait beaucoup à mon père, tandis que ma mère protestait qu'elle était construite en dépit du bon sens.

J'ai connu celle qui allait devenir ma femme grâce à notre jardin : enfants, nous étions voisins et nous nous connaissions bien avant l'école primaire. Ma future femme, née Gebhardt, était la fille d'un horticulteur qui habitait juste à côté de chez nous. Le jardinier principal emmenait toujours Gretl avec lui sur sa bicyclette lorsqu'il venait travailler dans notre jardin. Ce M. Lose a joué un rôle très important dans ma vie. Je garde en mémoire l'image de Gretl assise sur son guidon. Ma femme a « hérité » de dons pour le jardinage : notre jardin actuel est essentiellement son œuvre. Elle s'est révélée très douée pour maintenir le jardin dans un état semi-sauvage, et elle possède l'art de faire prospérer des plantes non cultivées qu'elle va chercher dans la forêt viennoise.

Nous avons beaucoup joué ensemble lorsque nous étions enfants. Nous avons joué aux animaux, aux Indiens... Plus tard, beaucoup d'hommes lui ont fait la cour, mais nous étions déjà inséparables. Lorsque mon père s'en avisa, il m'envoya quelque temps en Amérique pour suivre mes études, pensant que cet attachement serait oublié à mon retour. Ce ne fut pas le cas. Gretl avait commencé des études de médecine — chose assez inhabituelle à l'époque pour une jeune fille —, et il nous donna bientôt son consentement. Gretl est effectivement devenue médecin, une gynécologue compétente et douée. Elle a fait vivre notre famille au début de notre vie commune : les travaux de recherche et d'observation que j'entamais ne me rapportaient rien. Malgré tout, nous nous en sommes toujours sortis. L'hospitalité de ma femme, aujourd'hui encore, est célébrée par tous ceux qui la connaissent, mes élèves comme mes relations, toujours accueillis chez nous en grand nombre, avec un repas copieux et du thé. Gretl m'a dit récemment : « Quand je pense à tous ces jeunes gens qui sont venus chez nous autrefois et qui sont aujourd'hui docteurs ou professeurs ! Quelle joie ! »

Notre vie a été belle et bien remplie. Ma femme n'a jamais perdu courage. Un jour qu'elle se trouvait à un stade avancé de grossesse, elle a dû se rendre à la clinique pour effectuer une opération compliquée sur une femme elle-même presque à terme. Quand je lui ai demandé comment cela s'était passé, elle m'a répondu : « Bien, sauf que son ventre et le mien se sont un peu heurtés... »

Elle a partagé mon intérêt pour les animaux, tout en aimant particulièrement les chiens. A tel point qu'un de nos invités lui déclara un jour : « J'aimerais bien être un chien auprès de vous ! »

Vivre avec des animaux

En tant qu'éthologue, vous avez élevé et observé des animaux toute votre vie. Vous avez probablement vécu une foule d'expériences avec vos animaux familiers...

J'ai commencé à m'occuper d'animaux bien avant que cela me soit nécessaire à des fins scientifiques. Les animaux font partie de ma vie depuis toujours. J'habitais non loin des prairies bordant le Danube. Je disposais, en lisière de la forêt viennoise, d'un vaste jardin peuplé d'animaux et d'oiseaux, environnement propre à susciter l'enthousiasme d'un enfant.

J'étais à cette époque un enfant très bien nourri — je ne m'éloigne pas de mon propos —, parce que ma mère pensait que la tuberculose était due à la sous-alimentation. Elle était toujours ravie que je lui réclame une portion supplémentaire. Les enfants sentent d'instinct le point faible : quand je souhaitais obtenir un nouvel animal, il me suffisait de réclamer une tartine supplémentaire. Je dois reconnaître que mes parents étaient très tolérants sur ce point !

Plus tard j'ai élevé toutes sortes d'animaux. Ce que je pratique aujourd'hui comme une science, je le faisais alors par passion. La curiosité instinctive du petit garçon s'est développée et orientée vers la recherche. La science naît du jeu. Aujourd'hui, je m'accommode mal d'avoir un emploi du temps trop chargé. Je regrette d'avoir tant de problèmes auxquels je dois m'intéresser plus qu'à mes bêtes. Avec elles, j'ai agi le plus souvent comme il convenait, dès l'enfance, par instinct ou par hasard. Pour connaître un animal supérieur, *j'ai toujours vécu avec lui.* La prétention des expérimentateurs modernes à trouver une explication à tous les problèmes en menant uniquement des expériences ponctuelles sur les animaux m'est étrangère. Il faut bien connaître un animal pour que naissent les questions auxquelles il sera intéressant de répondre. Vivre en contact étroit, direct avec lui est indispensable, même si cela suppose des sacrifices considérables : les animaux supérieurs, comme les enfants, éprouvent souvent la tentation de faire ce qui est interdit, ce qui, on s'en doute, pose des problèmes.

Je me souviens avoir eu chez moi pendant longtemps un lémur mongoz, qui est un lémurien. Ce mongoz, comme tous les singes, présentait l'inconvénient de ne pas être propre, et l'accès à la cuisine lui était interdit. Un beau jour, il réussit pourtant à y pénétrer. L'attention de cet animal très intelligent fut immédiatement attirée par ce qui était nouveau pour lui : un grand couteau de cuisine lui sembla suffisamment attrayant pour qu'il s'en emparât. La cuisinière découvrit le mongoz le couteau à la main et s'enfuit en hurlant à travers la maison, craignant que le singe ne l'attaquât. Sa peur était sans fondement, puisque l'animal ne pouvait avoir conscience qu'il tenait entre ses mains une arme meurtrière. Mais c'est difficile à faire comprendre à une jeune domestique encore sous le choc !

J'évoque avec un plaisir particulier le souvenir de la colonie de choucas que j'élevais en liberté. J'avais aménagé pour eux des nids artificiels dans les combles. Ils furent l'objet de ma première publication scientifique, une publication qui m'a porté chance, car il n'existe pas de sujet d'observation plus approprié pour celui qui commence à étudier la sociologie animale.

La colonie de hérons bihoreaux qui vivait dans le jardin m'a également donné beaucoup de joies. Je faisais sensation auprès de mes visiteurs en leur annonçant : « Je vais faire apparaître devant vous un héron bihoreau. » J'avais à peine lancé mon appel « go-og, go-og », qu'un héron surgissait des épicéas. Je lui jetais un poisson qu'il attrapait au vol avant de s'enfoncer à nouveau dans l'enchevêtrement des branches. J'offrais à mes hôtes un vrai spectacle, car les hérons bihoreaux sont parmi les plus beaux animaux que j'aie été amené à étudier. Malheureusement, mes notes concernant cet oiseau passionnant ont disparu pendant la guerre, et ce que je sais encore du bihoreau ne suffit pas à rédiger un travail scientifique de valeur. Mes connaissances disparaîtront avec moi.

Dieu merci, j'ai accumulé une telle somme de notes sur les oies que je pourrais en remplir une salle entière. D'ailleurs ce sera le sujet de mon prochain livre. En bas du jardin se trouvait autrefois un étang destiné aux canards et aux oies, que j'avais aménagé moi-même il y a bien longtemps, en 1935 ou 1936 vraisemblablement. Y vivaient les espèces de canards les plus variées, et des oies que mon père aimait beaucoup. L'une d'entre elles était très familière et n'hésitait pas à nous suivre dans la maison, faisant ainsi preuve d'un grand courage car les oies ne sont pas à l'aise lorsqu'elles ne voient pas le ciel au-dessus de leur tête. Un jars plus sauvage était amoureux de cette oie. Par amour pour elle, il réprima sa peur au point de la suivre jusque dans la maison ! Cette situation angoissante stimula tellement son système digestif qu'il fit ses besoins sur les tapis, ce qui n'était pas l'idéal pour eux : les taches se voient encore aujourd'hui. Mon père n'apprécia guère ce cadeau...

Par la suite, dans mon institut de Buldern, je n'ai plus disposé d'une telle variété d'animaux. En effet, mes assistants étant aussi passionnés que moi, des problèmes risquaient de se poser rapidement : nous courions le danger de transformer un institut scientifique en jardin zoologique. Si chacun avait élevé ses animaux préférés, nos assistants techniques auraient fini par consacrer l'essentiel de leur temps aux soins à leur prodiguer. Ayant réalisé la voie dans laquelle nous nous engagions, nous nous sommes promis de n'élever désormais que les bêtes réellement indispensables aux recherches programmées. Nous prêtâmes cérémonieusement serment, pour un peu nous aurions signé de notre sang ! Nous avons tenu nos engagements.

L'activité des amateurs d'animaux (en aucun cas je n'entends donner au mot « amateur » une connotation péjorative) est loin d'être appréciée à sa juste valeur. Ces passionnés deviennent parfois de vrais spécialistes et accomplissent un travail considérable.

Un jour, un homme me pria de le recevoir pour le conseiller, et il me présenta son projet d'élevage de chouettes effraies. Cette idée était d'autant plus louable que ces magnifiques rapaces nocturnes se font de plus en plus rares. Mais l'élevage d'effraies en captivité constitue l'une des entreprises les plus ardues de l'ornithologie, aussi hasardeuse que d'obtenir la reproduction de tétras-lyres et de grands tétras. Nous discutâmes de la taille de la volière, et des nids artificiels à installer. En prenant congé de ce brave homme, je lui exprimai mes vœux de réussite, sans fonder, je l'avoue, beaucoup d'espoirs sur ce projet. Quelques années plus tard, alors que cette histoire s'était effacée de ma mémoire, cet homme revint me voir. Je l'interrogeai, un peu sceptique, sur le nombre d'effraies qu'il avait obtenues. « Quarante », répondit-il ! Je fus en même temps impressionné et un peu honteux, voyant là la preuve qu'on ne doit jamais sous-estimer un amateur passionné.

Lorsqu'on s'occupe d'animaux, on apprend à ne pas se décourager trop rapidement, même dans des situations apparemment sans issue. J'avais commandé autrefois un toucan, cet oiseau au bec énorme par rapport à son corps. N'en ayant jamais possédé, j'étais impatient de faire sa connaissance. Mais je fis une bien triste découverte lorsque j'allai le chercher à la gare : l'oiseau se tenait par terre, sans réaction, accablé, soutenant sa tête sur son bec monstrueux, les yeux mi-clos. Ces signes annonçaient une mort certaine. Cet oiseau des tropiques avait passé toute la nuit dehors par un froid assez vif dont il avait beaucoup souffert. Il refusait toute nourriture et je n'eus pas d'autre choix que de le gaver. Je le laissai pour la nuit dans une pièce bien chauffée, certain de trouver l'oiseau mort le lendemain. Surprise : je découvris au matin un oiseau, ou plutôt sa silhouette, du plus haut comique, quoiqu'un peu pitoyable, son œil vif observant la pièce ! Le toucan était nu... Sous l'effet du choc produit par le froid, il avait perdu toutes ses plumes, dans une mue totale. Le résultat était grotesque, d'autant plus chez cet oiseau doté d'un bec tellement volumineux. Mais mon toucan était sauvé. Il devint magnifique lorsque ses plumes eurent repoussé et j'en jouis très longtemps.

Aux alentours de la maison de mon enfance, j'ai assisté à bien des scènes singulières et rares, dont les animaux étaient les acteurs. Au cours d'une promenade dans la forêt viennoise, j'ai vu une couleuvre s'acharner à avaler une salamandre tachetée ! La tête et la moitié du corps étaient déjà englouties, seules dépassaient de la gueule du reptile les pattes arrière et la queue. L'originalité du spectacle tenait à la toxicité de la salamandre tachetée : lorsqu'on exerce une pression sur cet animal, des glandes logées derrière la tête et tout le long de la colonne vertébrale sécrètent une substance visqueuse et blanchâtre à l'effet extrêmement irritant sur toutes les muqueuses, même humaines. On l'apprend à ses dépens si l'on se frotte les yeux — le nez et la bouche sont sensibles également — après avoir manipulé une salamandre tachetée. Un jeune chien peut faire la même expérience cuisante : s'il déniche une salamandre tachetée dans un fossé humide lors d'une promenade en forêt et qu'il tente de la tuer par jeu, il reviendra vite vers son maître en glapissant de façon pitoyable, la bave dégouttant de la gueule. Il ne recommencera pas. Cette humeur joue un rôle protecteur pour la salamandre qui, comme tous les amphibiens, s'épuise rapidement et ne peut pas s'enfuir assez vite (dans leur appareil circulatoire, les deux sangs, le riche et le pauvre en oxygène, sont mêlés). Les grenouilles et les crapauds présentent la même caractéristique et sont exténués après quelques bonds. Et pourtant, j'ai vu de mes propres yeux une couleuvre avaler une salamandre tachetée bien que celle-ci soit si peu comestible, comme nous en avertissent les taches de couleur vive de sa peau.

J'ai des souvenirs merveilleux du temps où les prairies marécageuses du Danube, proches de notre maison à Altenberg, n'étaient pas encore saccagées par des retenues d'eau. Les étés étaient splendides dans cette sorte de forêt vierge. Peu après la Seconde Guerre mondiale, à mon retour de captivité en Russie, j'avais un bâtard très intelligent, appelé Susi. Cette chienne avait très vite compris que, lorsque je prenais un filet et un seau, notre promenade nous conduirait au Danube où je trouvais la nourriture de mes poissons d'aquarium. On ne rencontre plus guère de nos jours ce paysage de plaine marécageuse. C'était un habitat propice à toutes sortes d'animaux, martins-pêcheurs, loriots, hérons et bien d'autres encore. La présence de crocodiles n'aurait rien eu d'incongru dans cette végétation luxuriante. J'étais seul à y lézarder pendant les journées d'été torrides. Je restais allongé des heures dans cinquante centimètres d'eau, plus paresseux qu'un crocodile, et j'observais ma chienne chassant des limaces et des rats musqués.

A propos de crocodiles : mon ami Bernd Hellmann avait un alligator. Ces reptiles ne mordent pas ou très peu, comme les couleuvres. Je commis la plus courante des erreurs scientifiques en généralisant et j'émis l'hypothèse qu'il en allait de même avec les crocodiles. Un jour, me trouvant chez lui alors qu'il était absent, j'allai voir son terrarium [1] en l'attendant. Il abritait, aux côtés d'un magnifique alligator du Mississippi, un crocodile du Nil d'un beau vert, aux dimensions impressionnantes. Je fis mine de le toucher, et hop ! il me happa le doigt. Pour arracher un lambeau de chair, ces animaux

1. Emplacement aménagé pour l'élevage, l'entretien et l'observation des reptiles, batraciens, etc. *(N.d.T.)*

pivotent sur eux-mêmes comme autour d'un axe. A l'instant précis où je réussis à me dégager, Bernd apparut et éclata de rire en me voyant : il avait tenté la même expérience que moi, douloureuse épreuve heureusement terminée puisqu'il sortait juste de la clinique avec la main bandée !

Le besoin de caresser les animaux, d'établir un contact physique avec eux, est inhérent à la nature humaine. Personne ne pourrait garder un chien ou un chat qui ne se laisserait pas toucher. Cela ne va pas sans risque avec certains animaux (je pense au crocodile !), mais un animal ne risque de présenter un réel danger qu'en fonction d'une certaine taille.

Certains sauriens, le varan par exemple, sont carnivores. Ils atteignent des dimensions considérables. Le grand varan de Comodo mesure plus de deux mètres. Sur l'île de Comodo, on attache des chèvres pour servir d'appât, et les varans, attirés, les mettent en pièces. Je réprouve ces horribles mises en scène montées uniquement pour le folklore local. Cette espèce de varan peut parfois s'attaquer à l'homme.

Invité un jour d'un zoo à l'étranger, je proposai au directeur, fort surpris, de m'autoriser à pénétrer dans le spacieux terrarium qu'occupait un couple de grands varans de Comodo. Poussé par je ne sais quelle inspiration, je m'allongeai à plat ventre sur le dos de la femelle. La chaleur de mon corps ne sembla pas lui déplaire, bien au contraire : ces reptiles sont poïkilothermes, c'est-à-dire que leur température varie en fonction de celle de leur environnement. J'eus soudain le souffle coupé, j'étouffai : le mâle venait de s'étendre sur moi, me prenant en sandwich entre lui et la femelle ! Aujourd'hui encore je revois nettement la scène : j'apercevais du coin de l'œil, par-dessus mon épaule, la longue langue charnue du varan, fourchue à son extrémité, rasant ma tête en direction de ma main. Selon toute apparence, il me prenait pour son repas, ni plus ni moins qu'un cochon d'Inde ou un lapin. J'étais plutôt mal à l'aise ! Il aurait difficilement pu me dévorer en entier, mais on peut trouver sensation plus agréable que d'être pris pour son repas par un varan de Comodo de cette taille... Je m'en suis sorti finalement avec plus de peur que de mal, sans une égratignure. Le directeur du zoo était livide !

J'ai toujours eu des animaux sauvages chez moi. Le terme « sauvage » n'est pas à prendre au sens d'« agressif », mais en opposition à « domestique ». J'avais un aquarium d'eau douce, à présent envahi d'algues, installé dans le jardin d'hiver. A côté se trouve un petit bassin en marbre surélevé, à sec aujourd'hui, flanqué d'une grotte en pierre de goût douteux et d'une statue de Vénus. Autrefois il était rempli d'eau et j'y avais acclimaté des grèbes castagneux. Quels charmants oiseaux ! Ils volaient librement à travers la pièce jusqu'à l'endroit où nous sommes assis en ce moment. Ces oiseaux avaient appris à se poser sur l'eau du petit bassin, réalisant de la sorte une remarquable performance, du fait qu'un oiseau conçoit difficilement qu'une étendue d'eau puisse se présenter plus haut que le niveau du sol.

Au cours de ma longue vie, j'ai élevé toutes sortes d'animaux. Un journaliste me demanda un jour comment ma femme supportait que notre foyer soit une arche de Noé. Je répondis en plaisantant qu'elle ne le voyait guère, travaillant à la clinique toute la journée. Pourtant, sans la compréhension de ma femme, cela ne se serait pas aussi bien passé. Elle m'a énormément soutenu dans mon travail, sans cacher une affection particulière pour les chiens.

Je pense à une belle anecdote. Nous étions ensemble à Hawaii. Par une de ces merveilleuses nuits tropicales, nous nous promenions en lisière de la forêt, en compagnie d'une assistante du laboratoire d'études biologiques local. L'activité des animaux nocturnes produit là le plus beau fond sonore que l'on puisse rêver. J'interrogeai notre guide : « Connaissez-vous le nom de l'oiseau que nous entendons chanter ? » Elle nous assura qu'il ne s'agissait pas d'un oiseau, mais d'une grenouille. Trente secondes plus tard, la « grenouille » passait au-dessus de nous à tire-d'aile ! Les spécialistes ne sont pas infaillibles...

On apporta un jour à ma femme une mygale. Ces arachnides peuvent rester sagement sur la main sans mordre. Ma femme fit preuve de suffisamment de courage pour accepter qu'on lui posât l'araignée sur la paume. Mais elle eut soudain un réflexe de rejet (réaction de peur incontrôlable), et l'araignée sauta au visage de la personne qui nous l'avait apportée. Situation un rien gênante...

Aujourd'hui notre maison est plutôt calme. Des chiens et des merles shamas que vous entendez chanter : le printemps n'est pas loin [1]. Dans l'aquarium, j'ai des poissons de mer, surtout des poissons de récifs coralliens. J'y compte aujourd'hui une centaine d'éléments appartenant à quelque trente espèces différentes. En dehors de cela, je n'ai guère que des canaris très ordinaires. Ils sont ma dernière acquisition. Je les ai installés dans la cage en bois offerte par mon ami Jürgen Nicolai pour mes quatre-vingts ans. Tout un chacun

1. Printemps 1984.

peut élever des canaris sans la moindre difficulté. Leur présence me procure la plus grande joie. Qu'est-ce qu'un animal ? Pour moi, c'est un collègue extrêmement sympathique, simplement un peu moins doué.

2

Le système du vivant

« Le chaos, c'est le diable. »

La créativité de la phylogenèse

On sait depuis Darwin que les mondes animal et végétal suivent des processus actifs et perpétuels d'évolution et de mutation. Ces deux phénomènes créent des espèces, les spécialisent ou bien les font disparaître. Comme pour le croyant qui doute, le « pourquoi ? » s'impose à l'esprit.

Si l'homme ne s'interrogeait pas constamment depuis l'origine des temps, il n'y aurait pas de progrès. Quand les scientifiques cherchent à comprendre le fonctionnement de la phylogenèse, ils aboutissent à des chemins tortueux. Souvent, un projet de la nature est détourné de son utilisation première pour répondre à un autre besoin, comme un projet de château qui serait soudain reconverti et servirait de cloître ou d'école. Nous rencontrons ce même phénomène dans la phylogenèse. A l'origine de ces changements de trajectoire se trouve souvent la création, terme que j'emploie pour éviter celui d'invention (l'invention naît quand une situation nouvelle l'exige). Prenons l'exemple de la vessie natatoire des poissons, dont la fonction bien particulière était de constituer un organe respiratoire indispensable dans l'eau douce stagnante peu oxygénée. Elle joue en fait deux rôles : d'abord, certains amphibiens primitifs réussirent grâce à elle à respirer l'air de l'atmosphère et, par là, à conquérir le domaine terrestre. Mais par ailleurs, les poissons demeurés dans l'eau purent grâce à elle se constituer un squelette osseux. Jusqu'à cette création, il n'existait que des poissons cartilagineux, comme les requins. Sans la poussée prodiguée par la vessie natatoire, un squelette osseux eût été trop lourd et le poisson n'eût pas pu se maintenir dans l'eau. La nouvelle création constituée par le squelette osseux s'est finalement imposée dans toutes les mers du monde. La vessie natatoire a permis de compenser l'effet du poids et d'obtenir une meilleure stabilité grâce au squelette osseux. D'autre part, cette même vessie natatoire, en rendant accessible le domaine terrestre aux amphibiens, a ouvert la voie des mammifères et en particulier de l'homme. Vue sous cet angle, la vessie natatoire constitue l'une des créations les plus importantes de l'évolution.

Toutefois, le chemin le plus complexe emprunté par la phylogenèse fut celui qui reconduisit les mammifères terrestres dans la mer. Je pense aux cétacés ou aux phoques, comme à certains reptiles, tortues de mer ou crocodiles. La réadaptation à l'eau de ces mammifères est si parfaite qu'à moins d'avoir des connaissances précises en biologie, il devient difficile de les distinguer d'un poisson. Prenons l'exemple de la baleine. Le chemin parcouru représente une incroyable odyssée : cet être vivant est passé successivement du poisson à l'amphibien primitif, puis au reptile, puis au mammifère terrestre, et enfin il a effectué un retour au milieu marin dans lequel sa survie dépendait à nouveau de l'adaptation à l'eau.

A propos d'éventuelles erreurs de l'évolution, je

partage l'opinion de nombreux collègues affirmant que la voie suivie par l'évolution est régie par le hasard : c'est le hasard qui récompense une mutation en la sélectionnant dans un état donné de l'environnement. Le patrimoine génétique contient des informations sur les innombrables mutations et les différents processus de sélection, mais il ne permet pas d'en établir la chronologie. Ce point est déterminant : il est impossible de reconstituer les différentes étapes du processus d'évolution, parce que l'on n'en possède pas la mémoire. La science actuelle ne peut pas aller plus loin en ce qui concerne les processus phylogénétiques.

Plus les formes d'adaptation d'un être vivant à sa niche écologique sont spécialisées, plus l'existence de cette espèce est menacée et incertaine. A un degré élevé de spécialisation, les possibilités de réversibilité qu'exigerait l'apparition d'un environnement nouveau diminuent, ce qui peut mener à la disparition d'une espèce. Lorsqu'un processus de régression est engagé, la nouvelle voie suivie sera en règle générale différente de celle qui a mené au point d'inversion. On peut observer ce phénomène chez le *trigla hirundo* (un poisson de mer). Le *trigla hirundo* est issu d'une variété particulière qui, vivant sur le fond de la mer, n'avait plus besoin de nager. Sa vessie natatoire étant devenue inutile, elle régressa. Cette variété donna naissance au *trigla hirundo* qui, lui, serait capable de se mouvoir librement dans l'eau, mais le processus d'évolution ne « choisit » pas de nouveau la solution de la vessie natatoire : il adapta les nageoires pectorales pour les utiliser comme des voiles de sustentation permettant au poisson de se déplacer librement dans l'eau avec autant d'aisance qu'à l'origine.

Il peut cependant arriver que, à un seuil élevé de

spécialisation, les possibilités d'adaptation soient très réduites, voire inexistantes. L'espèce encourt alors le risque de disparaître. Prenons l'exemple du gorge-bleue à miroir, un oiseau magnifique qui vit dans les contrées marécageuses et ne se nourrit que d'insectes ; lorsque les marécages sont asséchés et cultivés, le gorge-bleue ne peut pas « changer de mode de vie » en se mettant à picorer des graines ou en construisant son nid entre les plants de pommes de terre. Un autre exemple nous est offert par les hirondelles, espèce très courante et plus répandue que le gorge-bleue à miroir dans les zones tempérées de l'hémisphère Nord. Le départ des hirondelles vers leurs quartiers d'hiver est provoqué par des facteurs indépendants du manque de nourriture. De ce fait, aucune autre espèce d'oiseau n'a un taux de mortalité comparable lorsque la fin de l'été est trop pluvieuse et que les insectes dont elle se nourrit (exclusivement des insectes volants) se raréfient. Les hirondelles sont trop spécialisées pour picorer des fourmis dans la fourmilière voisine ou se nourrir de larves d'insectes lovées dans l'écorce des arbres.

Une espèce à l'adaptation trop pointue court le même danger qu'un industriel produisant un article particulier avec des machines spécialisées, non reconvertibles, ne tenant pas compte de ses débouchés. Pour le fabricant comme pour l'animal spécialisé, le profit immédiat est très grand. Ne pratiquant pas la prévision, l'évolution se satisfait de l'avantage immédiat.

La civilisation humaine et, avec elle, les conditions de vie sur la terre se modifient si rapidement que l'évolution naturelle devient inexistante. Certaines espèces seront épargnées par le phénomène et survivront grâce à un degré d'adaptation inné élevé. Il ne s'agit pas d'animaux spécialisés, mais surtout d'omnivores : rats, renards ou blaireaux par exemple. Ces animaux vivent déjà, paraît-il, dans la banlieue de Munich où ils vident les poubelles la nuit...

Quelle sera l'évolution des espèces qui résisteront aux contraintes de sélection créées par l'homme ? Des processus de dégénérescence vont intervenir rapidement. Preuve en est ces races de chiens « à la mode » issues de nombreux croisements. Comme dit Manfred Eigner à propos de l'évolution : « C'est un jeu dans lequel seules les règles sont fixes. »

Harmonie et dysharmonie

Beaucoup de gens sont insensibles aux beautés de la nature, en particulier ceux qui ont passé leur enfance dans une ville. Ils ne savent plus apprécier un paysage harmonieux ou un concert de grenouilles.

Les impressions reçues par nos organes sensitifs et la synthèse qu'en fait notre cerveau sont à l'origine de notre perception de la beauté et de l'harmonie. Cela s'appelle « perception des formes ». Ce phénomène ne répond pas à une quelconque logique, mais relève à la fois de la raison et de la forme. Karl Büller l'a mis en évidence dans ses travaux. Ces processus échappent à une observation consciente de soi-même : la perception des formes se fonde sur une accumulation inconsciente d'impressions diverses reçues par les sens, stockées dans notre cerveau, et dont la synthèse se révèle soudain, aboutissant à l'acquisition d'un savoir nouveau. Son fonctionnement présente des similitudes avec celui d'un ordinateur, métaphore qui illustre les capacités de notre cerveau. En ce qui concerne la perception des formes, apparaît un phénomène, non perceptible par la personne concernée, que l'on nomme intuition et qui semble une inspiration venue de l'extérieur. Il ne s'agit évidemment pas là d'un miracle, mais d'une accumulation d'expériences : la perception des formes, comme toute fonction, nécessite un apprentissage, un entraînement.

On raconte une histoire authentique sur l'empereur François-Joseph recevant le roi de Siam. L'empereur le convia à une représentation à l'Opéra. A la fin du spectacle, il demanda poliment au roi quel passage il avait préféré. A l'étonnement général, le roi répondit : « Ce morceau très doux juste avant le lever du rideau. » Il ne désignait pas là l'ouverture, mais le moment où les musiciens accordent leurs instruments !

Il ne faut pas sous-estimer la culture de cet homme : la musique des peuples d'Afrique du Nord ou du Proche-Orient nous est tout aussi étrangère que la musique d'opéra l'était au roi du Siam. Avez-vous déjà entendu de la musique turque ? C'est une sorte de lamentation confuse dans laquelle une oreille occidentale ne discerne aucune règle. Otto Koenig, qui a longuement séjourné en Afrique du Nord et au Proche-Orient, s'initia à cette musique. Il tenta de me faire écouter de la « bonne » musique, proche de notre musique classique — un Beethoven arabe en quelque sorte —, et de la « mauvaise » musique, une sorte de médiocre variété. Je n'ai pas perçu la moindre différence ! « Tu n'entends donc pas, me demanda mon ami, qu'une de ces musiques est épouvantable ? » Je répondis que je trouvais la musique « classique » tout aussi inaudible que l'autre. Ne connaissant pas suffisamment, sinon pas du tout, l'une et l'autre, je ne pouvais pas les comparer.

Il en va de même pour les harmonies perçues par l'œil : la beauté de la nature, d'une forêt, d'un paysage.

L'apprentissage est indispensable pour acquérir une certaine perception des formes et appréhender inconsciemment un environnement.

Lorsque nous sommes confrontés à divers paysages, certains naturels, d'autres cultivés et exagérément exploités, nous apprenons — ou plutôt la perception des formes et l'inconscient apprennent — à distinguer ce qui est harmonieux de ce qui ne l'est pas. Le paysage que l'on aperçoit en traversant l'Allemagne de l'Est pour se rendre à Berlin, ces immenses champs de blé à perte de vue, troués de larges surfaces dénudées là où les graines n'ont pas germé, sont, sans hésitation, qualifiés de laids. Au contraire, nous apparaît harmonieux, même s'il est artificiel, un paysage du Tullnerfeld où le blé prospère et où l'homme a manifestement su trouver un équilibre avec la nature.

Dans la vallée du Rhin ou dans la Wachau [1], il n'y a plus un mètre carré de terrain libre pour planter un pied de vigne supplémentaire : la culture de la vigne a modelé le paysage qui ne pourrait plus être modifié. Spontanément, nous ressentons ces deux contrées comme belles et ensuite seulement notre intelligence vient confirmer ce jugement. Une impression de « symbiose » s'impose là où l'homme et la nature sont en harmonie naturelle dans un équilibre si parfait qu'il pourrait se maintenir sans modification pendant des siècles. En revanche, l'exploitation abusive des terres pratiquée dans les gigantesques entreprises agricoles d'Amérique du Nord, d'Allemagne de l'Est et parfois, hélas, de République fédérale, crée un paysage qui choque nos sentiments et notre perception des formes, nous donnant l'intuition que cette laideur ne peut

1. Le long du Danube, en Autriche. *(N.d.T.)*

qu'être momentanée. Pratiquée à outrance, la monoculture extensive devient un péché, en agriculture, comme pour la forêt. Il faut enseigner aux hommes à sentir les équilibres — condition première d'un juste fonctionnement de la perception des formes — et à être sensibles à l'harmonie. Alors seulement ils apprendront à protéger la nature. S'il est correctement éduqué, l'être humain comprend de lui-même qu'il n'est pas un élément extérieur à la nature, mais qu'il fait partie intégrale de la structure vivante dont il a la jouissance. J'ai déjà évoqué le rôle déterminant de la musique dans cette éducation. Mon ami Eberhard Stüber, directeur de la Maison de la Nature et président de la Fédération des jeunes pour la protection de la nature à Salzbourg, sait d'expérience comment intéresser les jeunes à la nature. Il accorde autant d'importance à l'éducation musicale qu'aux promenades en plein air. La musique, à elle seule, ne suffit sans doute pas à sensibiliser l'homme aux harmonies du monde, mais elle y contribue à coup sûr.

Plus nous sommes confrontés à une grande variété de paysages ou de systèmes écologiques, plus notre sensibilité devient vive. Nous remarquons alors spontanément les moindres atteintes à l'environnement et les plus petites anomalies. Je comparerais volontiers avec un bon chef d'orchestre capable de percevoir la moindre dissonnance dans la formation qu'il dirige.

La perception des formes existe également dans la science, elle y est même indispensable. Un exemple négatif illustre un échec de la science : des psychologues américains s'occupant exclusivement de rats pratiquaient sur eux des expériences d'apprentissage. La limitation de leurs expériences à une seule espèce animale constitue une très grave erreur. Ma propre expérience m'a appris l'importance d'étudier une grande variété d'espèces afin d'en déterminer les similitudes. Sans ma connaissance des oiseaux et des poissons les plus divers, je n'aurais jamais pu établir d'analogies entre les pomacentridés[1] et les oies cendrées ou les choucas, ou bien entre les cichlidés[2] et les oies. Or ils ont des façons très proches de défendre leur progéniture. La sarcelle en fournit un bon exemple : un jour je me suis rendu compte que la sarcelle mâle, dans une certaine situation, se saisissait de son aile et passait son bec sur les plumes d'envol, faisant mine de les nettoyer. J'ai eu l'impression de connaître ce mouvement et d'avoir déjà observé ce comportement chez d'autres canards. Comme une lumière qui s'allume, je compris soudain que tous les canards avaient le même comportement ! Jusqu'à cette sarcelle, bien que j'eusse constaté cette attitude chez d'autres canards, je n'y avais pas prêté attention. Seul l'inconscient l'avait noté et enregistré à maintes reprises. Pourquoi cela ne m'est-il clairement apparu qu'en voyant la sarcelle ? Je ne l'explique pas. Cette observation m'a sans doute permis d'atteindre le niveau d'informations nécessaire pour synthétiser divers éléments en un ensemble cohérent.

La perception des formes joue également un rôle en médecine, même si la plupart des médecins la sous-estiment considérant que l'exploitation médicale des données telle qu'elle se pratique actuellement leur permet d'accéder à un degré de sûreté de diagnostic jamais atteint. Ces méthodes actuelles d'établissement d'un diagnostic sont formidables, mais ne doivent pas pour autant dévaloriser l'intuition médicale qui ne s'acquiert que par l'expérience. Un vieux médecin de

1. Petits poissons des mers chaudes. *(N.d.T.)*
2. Perches des eaux douces tropicales. *(N.d.T.)*

famille pourra se faire telle réflexion : « Le teint de M. Müller s'est modifié », parce qu'il le connaît depuis vingt ans. Même si les médecins ne peuvent plus, malheureusement, comme il y a cinquante ans, avoir cette relation personnelle avec leurs clients, l'accumulation de renseignements sur une longue période reste fondamentale. C'est ainsi que se forme ce fameux « coup d'œil » médical ou intuition qui avertit le praticien du moindre changement survenu chez son patient.

La perception des formes fournit le résultat sans indiquer le chemin qui permet d'y parvenir (voir l'exemple de la sarcelle). La perception des formes procède de façon plus complexe, pour enregistrer et conserver les informations, que la mémoire. Elle doit être considérée, en schématisant, comme une accumulation constante de données sur les sujets les plus divers.

La perception des formes dépend aussi du contexte dans lequel est présenté l'objet que l'on doit juger. Prenons le cas d'un film où l'on pourrait observer, à travers des images superbes filmées au ralenti, les évolutions d'une méduse glissant dans l'eau, sans efforts apparents, son corps transparent s'étirant et se rétractant selon un rythme magnifique. Chaque spectateur éprouvera devant l'harmonie de ce mouvement un sentiment de grâce et de beauté. Par contre, si l'on nous projette des images où cette même méduse agresse un nageur qui l'a effleurée par mégarde, l'harmonie sera rompue et nous éprouverons plus de pitié pour l'homme que pour le cœlentéré qui sera peut-être tué peu après.

Observons maintenant un mycélium. A travers le microscope, nous découvrons une merveille de finesse dans les ramifications et les filaments, le tout formant un ensemble harmonieux. Mais si un champignon s'attaque au poinsettia décorant le rebord de la fenêtre et dessèche ses belles feuilles, nous préférons l'harmonie, plus évoluée à nos yeux, de la plante et nous cherchons à nous débarrasser du champignon, considéré alors comme un parasite. La perception des formes permet de distinguer ce qui est sain, ce qui est beau et harmonieux, de ce qui est discordant et laid. La perception des formes a par ailleurs des fonctions s'apparentant à la machine à calculer ou à l'ordinateur : la qualité des résultats dépend de la qualité des informations enregistrées. Vous voyez toujours blanche cette feuille de papier, que ce soit à la lumière d'une ampoule rouge, à la lumière neutre du jour ou à la lumière bleue. Ce phénomène optique découle d'un processus de calcul inconscient, extrêmement complexe. Lorsque je prends mes lunettes et que je les fais tourner devant mes yeux, je discerne la déformation de perspective qui en résulte, sans pour autant penser que mes lunettes se sont elles-mêmes déformées. Si par contre elles s'élargissaient ou se rétrécissaient d'elles-mêmes, je les lâcherais avec effroi ! Ces processus de calcul ne sont pas effectués par la raison, mais par la perception des formes.

La perception des formes a donc, selon vous, une importance considérable dans le domaine particulier de la protection de l'environnement. Un être humain capable de percevoir l'harmonie des espaces naturels tentera de s'opposer à leur destruction...

Certes, et cela soulève un problème de taille. Des questionnaires furent un jour envoyés à des lauréats du

Prix Nobel, dont les domaines de recherche concernaient la biologie, l'écologie et la zoologie, ainsi qu'à des universitaires de haut niveau travaillant dans les mêmes domaines. Il leur était demandé de situer le moment où ils avaient commencé à s'intéresser à la nature, aux animaux et aux plantes, celui où ils avaient été pour la première fois en contact avec des organismes vivants. On cherchait à savoir si cet intérêt remontait à la petite enfance. Devinez combien de nos savants se trouvaient dans ce cas ? Absolument tous ! Tous, dès leur plus jeune âge, s'étaient occupés d'un organisme vivant, sous une forme ou une autre. Ils ont donc accumulé dès l'enfance une importante quantité d'observations sur la nature. N'importe quel élément s'inscrit dans l'inconscient, les politiciens démagogues et les professionnels de la publicité le savent bien ! Ceux qui sont insensibles aux valeurs de ce monde, en particulier presque tous les politiciens et les industriels de haut niveau, ont certainement pour la plupart grandi dans des mégapoles. Leur perception des formes a été « sous-alimentée » en beauté de la nature.

Un être humain dont le cadre quotidien est constitué d'immeubles ressentira ce cadre comme harmonieux, et il restera insensible à la beauté d'un village de campagne dont l'architecture s'intègre dans le paysage. Observons au microscope une coupe transversale de tumeur cancéreuse dans laquelle sont incluses des parcelles de tissu sain : elle présente le même aspect que la vue aérienne d'une ville dans laquelle des secteurs neufs, construits anarchiquement, ou au contraire trop régulièrement, enserrent les quartiers anciens. Le parallèle entre l'évolution des tumeurs malignes et celle des grandes villes touchées par le déclin de la civilisation pourrait être poussé très loin… C'est un fait connu que la majorité des délits se commettent dans les secteurs les plus laids. Le quartier de Neuerlaa à Vienne, ensemble le plus inesthétique jamais construit en Autriche, est la première préoccupation du chef de la police. De telles constructions sont induites en partie par l'absence de références aux harmonies naturelles chez les architectes. Ils ont perdu la compréhension intuitive de ce qui est harmonieux.

Pourquoi admettre ce phénomène comme inéluctable ? Le remède existe : il suffirait de montrer aux enfants et aux jeunes les harmonies naturelles, évitant ainsi qu'ils deviennent insensibles à la beauté. Pour distinguer l'harmonieux de son contraire, un apprentissage est indispensable. Je m'inquiète du nombre croissant de jeunes grandissant dans des mégapoles. En tant que citoyen, j'ai mauvaise conscience à leur égard, ayant été par chance élevé dans un environnement harmonieux. Comment ces jeunes pourraient-ils devenir des adultes responsables, et conduire, comme politiciens ou agents économiques, la destinée de l'entité biologique terre, s'ils n'ont jamais appris la beauté de la nature et son harmonie ? Les élevages intensifs de poules sont considérés à juste titre comme intolérables : au nom de quoi les hommes devraient-ils être dégradés au rang d'habitants de cages à lapin dans des cités de béton ? Cela ne peut pas durer ! L'être humain n'a pas été créé pour devenir un individu anonyme, interchangeable comme les abeilles et les fourmis chez qui, quand un insecte meurt, un autre accomplit strictement la même tâche. J'aime penser aux petits jardins ouvriers : là des hommes encore relativement sensibles aux harmonies créent les formes d'expression les plus diverses et transcrivent leur individualité. Il n'existe pas deux lopins semblables, chacun d'eux reflétant un univers personnel différent.

Pour conserver son équilibre, l'homme a besoin d'une nature et d'un environnement harmonieux. C'est ce que j'ai tenté d'expliquer dans *L'Homme en péril*[1]. Le thème fondamental de ce livre est la perte navrante du sens de l'esthétique dans la société actuelle. L'absence de lucidité se révèle toujours responsable de la destruction des harmonies, qui provoque le malheur. De là naîtra le chaos, et le chaos, c'est le diable.

1. Flammarion, 1985.

3

La création détournée

« Il faudrait prendre un nombre suffisant de photographies d'un animal, d'un paysage, d'un biotope pour pouvoir raconter leur histoire ; une histoire près de mal se terminer mais qui tournerait bien finalement. Afin que l'on réalise ce que nous avons déjà presque perdu. »

L'anthropomorphisme

Nous prêtons aux animaux des traits de caractère humains : « fierté », « bêtise », « arrogance », « ruse », etc. En fait, leur comportement est régi par des contraintes inhérentes à la biocénose[1] *et ne peut pas être assimilé à une action humaine consciente.*

L'ancienne et détestable distinction entre utile et nuisible est tellement ancrée dans l'esprit de nos contemporains qu'elle est devenue l'un des plus grands obstacles à une compréhension approfondie des espèces vivantes.

Il est généralement admis que les « bons », les « utiles » sont ceux que l'on peut manger. La chair du lièvre, du cerf ou du chevreuil est excellente. Par contre, celle du renard n'est pas comestible. Je n'y ai pas goûté ; j'ai déjà mangé du chien et du chat, mais je n'ai pas essayé le renard. On dit que la chair du renard sent tellement mauvais qu'il est quasiment impossible de l'avaler. C'est sûrement une des raisons pour laquelle le renard est « méchant ».

1. Ensemble des êtres vivant dans un même biotope. *(N.d.T.)*

En distinguant les « bons » des « méchants », on humanise : l'animal est considéré comme le miroir de l'homme, comme son égal. Mais on ne juge pas de la même façon le renard qui tue un lièvre et monsieur le garde forestier qui le chasse. Ce qui revient à dire que le boucher a abattu le boulanger pour le faire frire à la poêle ! En réalité, ce jugement est faux. Pour le renard qui égorge un lièvre de temps en temps, il s'agit d'un besoin vital de se nourrir. Le garde forestier, lui, le consomme par plaisir. Il pourrait aussi bien choisir du bœuf ou du porc d'élevage. Malheureusement, ce n'est pas ainsi qu'on juge, et voilà comment se crée une fausse image, celle d'un ennemi, exprimée par le terme « bêtes de proie [1] ». Pour cette raison, de nombreux zoologistes spécialisés dans l'étude du gibier emploient le terme de prédateurs ou bien de chasseurs. La plupart des gens ne réalisent pas que les proies sont destinées aux prédateurs, l'équilibre écologique étant ainsi maintenu. Ils ont des idées préconçues, et une certaine image des animaux, celle qui leur est proposée, la plupart du temps, par des films stupides ou de mauvais romans, œuvres de producteurs ou d'écrivains à la recherche d'effets faciles. Cette image-là est plus aisément acceptée que la réalité. Le lynx, par exemple, est présenté comme une bête féroce. On entend dire qu'il peut dévorer un bœuf, des êtres humains, ou autres absurdités. Il est vrai que le lynx peut devenir dangereux quand il a été gravement blessé, mais moi aussi ! Si quelqu'un se précipitait sur moi avec un couteau, je riposterais sans hésiter... La plus grosse proie du lynx est connue : c'est le chevreuil adulte. Tout animal

1. Traduction littérale de *Raubtier*, dont le sens est plus négatif en allemand. *(N.d.T.)*

poussé dans ses derniers retranchements réagit en attaquant, le rat, par exemple, le lynx aussi. Je mettrais ma main au feu qu'un lynx non blessé n'a jamais agressé un homme dans une réserve de chasse.

De récentes études sur les loups ont montré que l'on n'a jamais recensé avec certitude un seul cas où ces animaux, même tenaillés par la faim, auraient attaqué spontanément des êtres humains. Je ne crois pas un mot de cette histoire devenue classique dans la tradition orale des pays baltes, où une meute de loups poursuit un traîneau. Cela a pu arriver au Moyen Age, quand les armes à feu n'existaient pas, à une époque où l'on se battait avec un arc et des flèches. Mais il n'y a, à ma connaissance, aucun récit contemporain dont la véracité ait été prouvée. Si nous réimplantions des lynx et des loups dans nos espaces naturels, ce serait très « sain » pour la population de cerfs et de chevreuils. Il est faux de prétendre que les chasseurs se substituent complètement à ces prédateurs, puisque les chasseurs ne tirent pratiquement que sur des mâles adultes.

Certains chasseurs exercent leur métier, conscients de leur rôle écologique. Il ne faut pas généraliser en prétendant que les « chasseurs » correspondent à une catégorie telle que les « hommes », les « femmes », les « Anglais ». Il existe de très bons chasseurs, responsables. Cependant un chasseur avec ses organes sensoriels humains n'est pas capable de distinguer un animal faible d'un animal en pleine santé, comme le ferait un prédateur. L'épervier, par exemple, identifie instantanément l'oiseau le plus vulnérable parmi tout un groupe de cailles. C'est celui-là qu'il choisira. Un chasseur ne peut pas agir avec autant de rapidité et de précision par le seul intermédiaire du viseur de son fusil, en raison de ses sens inférieurs à ceux des animaux. Toute la différence est là.

Un jour, mes chiens ont tué un chevreuil mâle dont les dents étaient rongées jusqu'aux gencives. Il était donc très vieux. Si les chiens savent reconnaître l'animal le plus démuni, à plus forte raison leurs ancêtres les loups. Nous avons à notre disposition des recherches très précises sur le comportement des loups et des élans : des études ont été faites pendant trente ans sur la population de loups vivant sur l'île Royale, située sur l'un des grands lacs canadiens. Ces loups remplissent une fonction d'« éleveurs d'élans » : pendant le temps d'observation, ils n'ont pas éliminé un seul élan sain et vigoureux. Chaque fois qu'un élan était tué, les chercheurs basés sur l'île se rendaient sur les lieux et constataient qu'il s'agissait de jeunes peu avancés dans leur croissance, qui n'auraient de toute façon pas passé l'hiver, ou d'élans âgés, mourant de faim.

La pitié n'existe pas dans la nature. Savez-vous de quoi meurt un élan ? Un élan âgé meurt de faim parce que ses molaires sont usées jusqu'à la pulpe, produisant de très graves inflammations. La mastication devient tellement douloureuse pour lui qu'il ne se nourrit plus suffisamment. Les élans âgés répertoriés sur la liste d'observation de l'île Royale qui avaient été dévorés par les loups présentaient de graves fistules aux dents.

Les proies ont besoin de prédateurs naturels qui sélectionnent les éléments faibles ou malades, permettant ainsi à l'espèce dans son ensemble de rester saine. Cette interdépendance entre ceux qui mangent et ceux qui sont mangés ne se retrouve pas uniquement chez les carnivores, mais également chez les herbivores. Plusieurs espèces d'ongulés, dont les antilopes, ont un végétal de prédilection. Ces plantes doivent être piétinées ou broutées pour ne pas pousser au-delà d'une certaine hauteur. Si tel n'est pas le cas — les animaux qui les pâturent n'étant plus en nombre suffisant, par exemple —, elles cèdent la place à une autre espèce plus foisonnante. Le même phénomène se produit pour le gazon anglais : il reste épais et aucune autre plante n'y pousse, à la condition d'être tondu régulièrement. Moins bien entretenu, il est vite envahi par diverses mauvaises herbes. A plus ou moins brève échéance, il se transforme en prairie semée de pâquerettes et de pissenlits, ce qui me plaît à moi davantage, mais qui ne conviendrait guère aux jardiniers du château de Schönbrunn. Le gazon et son prédateur, la tondeuse, sont en situation optimale d'interdépendance. La même chose se passe à l'état naturel dans les régions alpines : de magnifiques orchidées des champs et des orchis y poussent parce que les moutons et les vaches ne laissent pas croître trop haut certaines plantes. Sans eux, les prés seraient envahis d'herbes folles et la flore se modifierait rapidement.

Avec quelle facilité déduit-on le « caractère » d'un animal à partir de son apparence ! Au zoo, tout le monde veut caresser les ours, mais jamais les guépards, qui ont une allure plus « sportive ». En réalité, des accidents épouvantables se sont produits : on a vu des ours arracher des mains d'enfants d'un coup de dents, pendant une seconde d'inattention des parents. Les ours ne vivent pas des quelques morceaux de sucre que leur distribuent leurs dompteurs. Ce sont des carnivores, dotés de dents de carnivores, malgré leur air bonhomme.

Le même problème se pose dans les réserves naturelles : il faudrait faire en sorte que les grands prédateurs restent suffisamment craintifs. En effet, ils deviennent dangereux lorsqu'on les nourrit et qu'on les apprivoise pour les photographier, comme c'est le cas dans le parc naturel de Yellowstone. Ces dernières années, des grizzlys se sont à maintes reprises attaqués à des êtres humains. Dans certains cas, il y a eu mort d'homme. Un homme a été arraché de la tente sous laquelle il dormait, sans que le second campeur à ses côtés le remarque. L'ours a glissé sa patte sous la tente, s'est saisi de l'homme par le crâne et l'a probablement mordu immédiatement jusqu'au cerveau. Il l'a ensuite traîné dehors et l'a mangé ! Dans ce cas-là, Grzimek[1] dirait bien « manger », comme mange un être humain, et non pas « dévorer », comme un animal[2]. Voilà un ours qui a mangé un être humain.

On doit s'attendre à de tels accidents lorsque des animaux sauvages sont apprivoisés afin que les touristes puissent les photographier en toute tranquillité. Quand, pendant longtemps, on ne se sert plus d'armes à feu contre des animaux de proie, ils finissent par croire que l'homme est complètement inoffensif. Il faudrait que l'homme garde sa réputation de prédateur dangereux, en abattant un ours de temps à autre. Encore que ces beaux animaux aient bien trop de valeur pour servir de descente de lit ! L'idéal serait de ne pas les apprivoiser au départ pour qu'aucun accident ne puisse se produire.

1. Spécialiste des animaux produisant des émissions de télévision très populaires. *(N.d.T.)*
2. En allemand, il y a deux mots pour le verbe manger : *essen* s'emploie pour les êtres humains et *fressen* pour les animaux. *(N.d.T.)*

On fait couramment une distinction entre les animaux intelligents et ceux qui ne le seraient pas.

Un de mes professeurs, Hochstetter, entrait dans une rage folle lorsqu'on parlait d'êtres vivants primitifs. Il précisait invariablement : « Il n'existe pas d'êtres vivants primitifs, mais seulement des animaux supérieurs et inférieurs. » Prétendre que l'oie est bête ou que le renard est rusé est purement et simplement abusif. La bêtise ou la ruse, au sens où on l'entend chez l'homme, n'existent pas dans le monde animal. Tous les êtres vivants sont adaptés à leur environnement, dotés de qualités en rapport avec leur nature et assurant leur survie dans la niche écologique que leur a réservée l'évolution. Confrontés à l'ensemble de leur espace vital, les anémones de mer et les cœlentérés ne sont ni moins intelligents ni moins bêtes que les corbeaux. Le fonctionnement d'une anémone de mer accrochée à un récif de coraux nous semble primitif parce qu'elle n'est pas mobile et que sa survie dépend de la nourriture que lui apporte le courant. Le corbeau, à l'inverse, nous fait l'effet d'être intelligent lorsqu'il part à la recherche de son repas, et en raison de capacités d'apprentissage considérables. Pour se perpétuer dans l'univers qui leur est propre, les vertébrés et les cœlentérés agissent différemment.

L'exemple du dingo nous montre les conséquences de l'introduction artificielle d'un animal supérieur dans l'espace vital d'un animal inférieur. Les dingos sont des chiens à l'origine domestiques, revenus à l'état sauvage en Australie. De par leurs dispositions naturelles, ils étaient plus intelligents que les loups marsupiaux et les sarcophiles sataniques, les deux espèces de prédateurs qui vivaient en Australie avant l'arrivée du dingo. L'un et l'autre étaient bien supérieurs aux dingos par la conformation de leur denture, et ils auraient pu les tuer sans grande difficulté. Mais voici ce qui advint : pour survivre, les deux marsupiaux avaient besoin d'un important réseau de proies potentielles ; les dingos, pourvus d'un cerveau plus élaboré et meilleurs chasseurs, se contentaient d'un moindre nombre de proies qu'ils dépistaient avec facilité. Non seulement les dingos ne furent pas exterminés par les deux espèces de marsupiaux pourtant supérieurs à eux dans l'affrontement direct, mais ils éliminèrent un si grand nombre de proies que les loups marsupiaux et les sarcophiles sataniques n'en trouvèrent plus suffisamment pour se nourrir. Ils sont quasiment morts de faim devant « une assiette à moitié pleine » ! On ne peut prétendre pour autant que ces deux marsupiaux aient été bêtes ! Pendant des millénaires, ils ont été parfaitement adaptés à leur espace vital, en dépit de leur cerveau relativement primitif. Ce n'est qu'à l'apparition du dingo, non prévue par la nature en Australie, que les premiers occupants durent céder la place à un modèle plus évolué. Face à des dingos moins hardis, introduits par petits groupes au cours des millénaires, les loups marsupiaux et les sarcophiles sataniques auraient peut-être eu le temps de développer leur intelligence sous l'effet de cette concurrence nouvelle. Mais au rythme trop rapide auquel se produisit le phénomène, une adaptation éventuelle était impossible. On trouve d'ailleurs encore ces deux marsupiaux en Tasmanie, où les chiens sauvages n'ont pas pénétré.

De nombreux animaux sauvages ressentent les effets

de l'intervention de l'homme sur leur environnement. L'outarde barbue, par exemple, est un oiseau très lourd qui vit uniquement dans la steppe. Dans son habitat, elle ne connaît aucun obstacle, ni arbres élevés ni clôtures. Dans la région du Marchfeld, où l'on plante des rangées d'arbres pour se protéger du vent qui fait envoler la terre, les outardes, gênées par ces arbres, disparaissent. Une simple clôture a parfois causé la mort d'une outarde venue s'y rompre les os. Les structures modifiées du paysage ne sont pas inscrites dans le patrimoine génétique de cet oiseau : les processus de mutation qui pourraient tenir compte des conditions nouvelles de l'environnement agissent très lentement. Bien des espèces ne peuvent pas évoluer au rythme des transformations apportées par l'homme. L'homme dans l'univers joue en quelque sorte le même rôle que le dingo en Australie.

Nous prêtons également aux animaux des traits de caractère humains.

L'industrie de la poupée a su depuis longtemps tirer profit de certains mécanismes suscitant le désir instinctif de soigner, de protéger. Une poupée nantie d'une tête proportionnellement importante, de grands yeux enfoncés, de joues rebondies et d'extrémités courtes et potelées, se vendra bien parce que, éveillant l'instinct maternel, elle plaira au premier regard.

On obtient ces mêmes caractéristiques par croisement chez certaines races de chiens, comme les pékinois et les carlins, sur lesquels des femmes sans enfant reportent leur instinct de maternage, au risque d'aboutir à des animaux suralimentés et objets d'une névrose, phénomène secondaire affligeant. Certains animaux, dont l'apparence nous attendrit, ont un nom en soi évocateur : par exemple, *Eichhörnchen* (écureuil), *Kaninchen* (lapin), *Rotkehlchen* (rouge-gorge). Le suffixe diminutif *chen* ne se réfère pas ici à la taille de l'animal, mais uniquement à son aspect gracieux.

L'exemple du mignon petit écureuil nous prouve combien nous nous laissons abuser par l'apparence. Dans le langage populaire, il est qualifié également de travailleur, parce qu'il accumule des provisions pour l'hiver. Personne ne soupçonne ce charmant petit animal d'être méchant. Peu de gens savent que les écureuils ne se nourrissent pas exclusivement de végétaux, mais également d'animaux, tout au moins en complément. S'ils en trouvent sur leur chemin, ils peuvent ravager des nids entiers : ils avalent les œufs, mais également les oisillons, et même les parents, plumes comprises, s'ils les dénichent en train de couver. A certaines époques, ces rongeurs peuvent occasionner de gros dégâts dans la population d'oiseaux chanteurs. Comment imaginer un seul instant qu'un animal si mignon et apparemment si gentil puisse être à l'origine d'un tel massacre ?

D'autres animaux n'ont pas l'air gentil, mais arrogant. Le chameau et le lama en sont des exemples typiques. Qu'est-ce qui leur donne cet air arrogant ? Chez ces deux espèces, les trous des narines sont placés plus haut que les yeux et les coins de la bouche sont tombants. Or nous considérons que des êtres humains ayant cette même expression de la bouche sont hautains. En aucun cas le chameau et le lama ne traduisent ainsi une humeur liée à un quelconque sentiment : il s'agit chez eux d'une caractéristique anatomique. A l'inverse, l'aigle royal, représenté dans d'innombrables blasons, était traditionnellement honoré par la famille des Habsbourg pour son allure si fière, si intelligente, si réfléchie. Là encore, ce n'est qu'une question d'anatomie : ses seules arcades sourcilières lui confèrent ce regard sévère qui le fait comparer à un penseur aux sourcils froncés. D'autre part, les coins de l'ouverture du bec sont nettement marqués vers l'arrière, trait associé à un caractère résolu.

Les particularités anatomiques d'un animal, d'où nous déduisons son caractère en les comparant abusivement aux expressions humaines, n'ont aucun sens. Le chameau et le lama ont toujours la même façon de regarder. Si le lama projette de vous cracher au visage, alors que vous souhaitez qu'il mange dans votre main, l'expression de ses yeux ne se modifiera pas, même imperceptiblement. Seule la position de ses oreilles trahira son intention. Son comportement n'a rien à voir avec celui de l'homme !

Films et photographies

Quelle est l'importance des films, des photographies et des livres sur la nature, dans un monde où beaucoup d'hommes n'ont plus la possibilité d'approcher des animaux sauvages ou d'admirer un paysage intact ?

Avant de vous répondre, je voudrais élargir le sujet : un des problèmes actuels de l'humanité est que la plupart des gens, dans leur travail, ne sont en contact qu'avec des objets inanimés, en général artificiels, ni esthétiques ni propres à inspirer du respect. Bien des hommes ne savent plus cohabiter avec les autres êtres vivants, et l'humanité, partout où elle rencontre la nature, menace de détruire le système naturel dans lequel elle vit et qui la fait vivre.

Pour apprendre à l'humanité à ne pas anéantir l'environnement — ce qui reviendrait en fin de compte à se détruire elle-même —, pour lui inculquer le respect des systèmes vivants et des cycles biologiques garants de sa propre survie, des mesures d'éducation des citoyens s'imposent, qui peuvent être diverses.

Le rôle des médias est important, primordial même. Les albums illustrés reproduisant des photographies des écosystèmes, et les films sur la nature constituent des supports bien adaptés, qui ont pour vocation de faire connaître la nature. Seule une nature harmonieuse, intacte, est vraiment belle, étant entendu que le concept de beauté au sens philosophique inclut de multiples facettes. Tous les aspects de la beauté se retrouvent dans la nature, mais la génération au pouvoir, les industriels et les politiciens tenant dans leurs mains la destinée du monde, ne les comprend pas et ne les voit pas. Plus je vieillis, plus il me paraît essentiel de mettre en garde contre les dangers que font courir à l'entité biologique terre l'ignorance et l'aveuglement.

L'idée pour laquelle je me bats est si simple qu'elle se trouve à la portée de n'importe quel élève de collège : toute croissance économique exponentielle ou toute croissance consommatrice d'énergie dans un espace limité mène fatalement à la catastrophe. Il ne peut pas en être autrement ! Plus je vieillis, plus je deviens « vert » (écologiste), et en même temps, je suis également devenu, ces dernières années, moins pessimiste que par le passé : je constate que mon plaidoyer et celui d'autres personnes éminentes en faveur de l'environnement sont accueillis toujours plus favorablement par la jeunesse. De plus en plus de jeunes se sentent très concernés par les problèmes de l'environnement et cherchent à faire connaître et respecter la nature. Mon jeune interlocuteur ici présent, en collaboration avec une autre personne partageant les mêmes convictions, a tourné un véritable film sur la nature et non pas, comme souvent, un film sur les cameramen filmant la nature.

Dans un film sur l'Himalaya, il est essentiel de montrer l'alpiniste en action, de faire prendre conscience des souffrances qu'il doit endurer et des performances qu'il doit réaliser. Mais lorsque le film prend la nature, les animaux ou les plantes pour thème, à quoi bon présenter longuement la technique de prise de vues ?

Rien ne m'agace plus, dans un film sur l'Afrique, que de voir des images sur le mauvais état des routes, ou sur des véhicules tout-terrain cahotant à travers de larges flaques d'eau, ou encore d'assister à la réparation d'une suspension endommagée. J'ai assisté récemment, dans un film sur l'Afrique, à un feu de camp sur lequel grillait un poisson. Que d'énergie dépensée en pure perte par le cameraman !

A l'inverse, des films sur les animaux, comme *Sitatunga* dont vous (Kurt Mündl) êtes l'auteur, sont exemplaires. Pour produire ce type de documentaire scientifique de vulgarisation, il faut posséder de solides connaissances en biologie et en zoologie. Un film sur l'Ouganda, où sont projetées exclusivement des images de grands animaux spectaculaires, n'offre pas un intérêt particulier. D'autres formes de vie plus modestes, des plantes par exemple, ou tout ce qui présente une vraie valeur photographique, méritent autant d'être connues. Après les prises de vues, il reste à accomplir une tâche considérable d'identification des sujets filmés et de recherche d'un accompagnement musical. Tout cela contribue à la qualité d'un film sur les animaux ou sur la nature. Je souhaiterais que soient tournés de nombreux films dans le genre de *Sitatunga*. Il existe beaucoup de paysages inconnus et d'innombrables variétés d'animaux rares, en voie de disparition. Des années de travail seraient nécessaires pour les répertorier et les faire connaître au public, ou au moins les enregistrer sur pellicule à l'intention des générations futures qui ne pourront peut-être plus les admirer dans la réalité. Telle devrait être l'ambition des films sur les animaux ou sur la nature. Malheureusement la télévision propage trop d'absurdités sur les animaux. Je me souviens non sans effroi du feuilleton intitulé *Daktari*, où on faisait passer un ocelot pour un jeune léopard ! Un tel film est plus néfaste qu'utile.

Un documentaire sur le désert dans lequel la végétation, filmée en accéléré, s'épanouit et fleurit à une rapidité incroyable sur fond de musique classique, procure une sensation d'harmonie même s'il ne correspond pas à la réalité : les pétales des fleurs s'ouvrent et se referment au rythme du jour et de la nuit, nul Mozart ne joue dans le désert, seul résonne par moment le cri d'un vautour ou d'un faucon. Mais même présenté sous un jour artificiel, le spectacle de ces fleurs ouvrant et refermant leur corolle, accompagné de musique classique, peut susciter des émotions véritables. Le même effet est obtenu dans un film où l'on voit des scorpions se balancer, presque danser, au son d'une valse ; bien entendu cela ne se produit jamais dans la réalité. Les nombreux films sur les animaux servant de toile de fond à une intrigue classique ont eu des conséquences positives pour les bêtes, en incitant les gens à y réfléchir à deux fois avant de tuer un animal devenu familier grâce à l'image. Seule restriction que j'avance : un film n'a pas le droit de transmettre une information résolument fausse comme de montrer des chouettes hulottes en affirmant qu'il s'agit de jeunes grands-ducs. Le film perd alors toute crédibilité, comme un politicien qui ne tient après les élections aucune des promesses faites avant, et qui ne trouve plus personne pour le croire aux élections suivantes. Fort heureusement, il y a encore des gens capables de distinguer une chouette hulotte d'un grand-duc. Un film sur les animaux devrait s'interdire de tels procédés, purs mensonges risquant de jeter le discrédit sur les autres films d'animaux, bien documentés eux, où le cameraman, qu'il pleuve ou qu'il vente, filme pour des spectateurs confortablement installés chez eux des scènes difficilement visibles.

Filmer un grand ours au moment où il s'élance vers la caméra, prêt à l'attaque, n'est pas sans danger. Le fils de Grzimek s'est tué en avion alors qu'il effectuait des prises de vues aériennes pour le tournage de l'excellent film *Serengeti ne doit pas mourir*. Ce fut une grande perte, évidemment. Mais ce film, par la suite, a remporté un énorme succès dans le monde entier, il a suscité une si vive attention que les gens se sont mobilisés en masse pour protester : « On n'a pas le droit de labourer les zones naturelles de Serengeti ! » Un simple reportage sur les animaux peut éveiller chez l'homme intérêt et compréhension à l'égard des territoires naturels et des animaux sauvages.

Grâce au film sur les animaux, l'homme peut assister à des spectacles naturels qui lui resteraient inaccessibles. Qui peut s'offrir le luxe de plonger à trente ou quarante mètres pour observer un récif de corail dans des eaux tropicales ? Combien en ont même la capacité physique ? Grâce au film, je peux m'installer confortablement devant l'écran, comme devant mon grand bassin d'eau de mer, et tout voir sans même être mouillé. Pourtant, je n'ai jamais eu peur de me mouiller : je plongeais et me déplaçais sous l'eau avec un tuba. Mon médecin me l'a maintenant interdit, et le vieil homme que je suis ne « plonge » plus dorénavant que devant l'aquarium ou devant la télévision lorsque passe un documentaire sur les fonds marins. La possibilité technique de fixer sur la pellicule un événement au moment même où il a lieu, et de reproduire aussi souvent que nous le souhaitons une prise de vue instantanée est d'une importance capitale pour la science. Sans exagération, le film sur les animaux représente pour les éthologues ce que le matériel d'étude représente pour les anatomistes : c'est l'élément essentiel dans la science moderne.

Quand je suis assis devant le grand aquarium, je découvre presque quotidiennement des faits nouveaux qui m'étonnent et auxquels je ne parviens pas à donner une explication satisfaisante. Si, par hasard, la caméra fonctionne à ce moment précis, je dispose d'une aide précieuse, me permettant d'analyser ce qui s'est passé image par image, seconde après seconde. Sans cet enregistrement, je serais obligé d'attendre que l'animal se retrouve dans la situation où ce comportement nouveau est apparu, et d'espérer que cela se renouvelle assez souvent pour que j'en comprenne la signification, ce qui peut ne pas arriver avant la mort du sujet d'observation.

Les détails du comportement spécifique d'un animal se déroulent avec une rapidité incroyable. Même si on forme l'œil humain à « bien regarder », nos organes disposent d'une capacité de perception limitée. De même que nous ne pouvons pas identifier un virus à l'œil nu, il est pratiquement impossible de repérer et de mémoriser les diverses réactions d'un chimpanzé confronté à des situations simulées qui l'obligent à entasser des caisses l'une sur l'autre ou à desserrer des vis pour attraper la banane convoitée. Ces situations sont répétées, filmées et comparées, dans les comportements générés par le hasard et ceux qui sont issus d'un processus de réflexion. C'est la raison d'être des films scientifiques sur les animaux, rassemblés dans d'immenses archives, comme celles de l'*Encyclopedia Cine-*

matographica de Göttingen, institut qui fait autorité en la matière.

Si incroyable que cela puisse paraître, ce type de films scientifiques présente parfois un risque pour le zoologue qui le consulte avec une confiance trop aveugle, considérant l'observation faite dans un film-échantillon sélectionné au hasard comme une règle générale. Une telle attitude peut induire en erreur : la plus courante de toutes les fautes scientifiques est la généralisation. En éthologie en particulier, comme en anatomie comparée, c'est commettre un péché mortel que de généraliser. Autrefois, j'expliquais que la couleuvre à collier *(natrix natrix)* mordait lorsqu'elle sortait juste de l'œuf. Or les prétendues couleuvres à collier qui m'avaient mordu s'avérèrent être des couleuvres d'Esculape *(elaphe longissima)*. Ces deux espèces se ressemblent tellement que je m'étais laissé abuser. Il existe entre elles des différences morphologiques minimes, difficiles à percevoir. Au deuxième coup d'œil hâtif, une jeune couleuvre d'Esculape ressemble toujours autant à une couleuvre à collier. Généralisant trop vite, je n'avais pas remarqué les différences. En ce qui concerne les films scientifiques sur les animaux, ayant vu et revu les mêmes images ainsi inscrites profondément dans notre mémoire, nous aurons tendance à considérer qu'elles donnent la solution du problème étudié, alors que ce n'est pas obligatoirement le cas. Une certaine distance par rapport au film est nécessaire, qu'il faut acquérir par soi-même.

Certaines séquences dans ces films d'archives, les plus spontanées, ont une très haute valeur scientifique et esthétique en ce qu'elles présentent des scènes exceptionnelles. J'ai eu l'occasion de voir un film de l'éminente spécialiste des primates, Jane Goodall : elle pratiquait la recherche sur le terrain, c'est-à-dire qu'elle vivait auprès des singes dans une réserve naturelle, les étudiait et notait ses observations. Un des objectifs de ce film était de montrer que les chimpanzés ne se nourrissent pas exclusivement de végétaux, comme on le croit encore souvent. J'ai assisté, non sans un frisson d'effroi, à une scène macabre et extraordinaire à la fois : on y voyait un chimpanzé mort, ou plutôt ce qu'il en restait, à savoir la colonne vertébrale à nu et la tête, intacte, donnant l'impression que le singe dormait tranquillement. Cette espèce de bâton surmonté d'une tête était tenue par un autre chimpanzé qui, tout en fixant la face endormie de son frère mort, déchiquetait et dégustait avec un air de satisfaction évidente les derniers lambeaux de chair accrochés à la colonne vertébrale...

La caméra gêne considérablement l'observation proprement dite, celle qui est faite à l'œil nu. Dans le domaine du film sur les animaux, il faut clairement distinguer le scénario du film et le film lui-même. Entre ce que nous projetons de filmer dans un documentaire sur les oies et ce qui se présente réellement devant l'objectif, la différence est grande. Les animaux sauvages ne sont pas, loin s'en faut, des acteurs dont on peut exiger qu'ils répètent inlassablement la même scène jusqu'à ce qu'elle donne satisfaction au metteur en scène.

Lorsque l'animal remarque que l'on veut le filmer, le tournage devient particulièrement difficile. Il se comporte alors parfois d'une façon inhabituelle. Mon ami Peter Scott nous passa un jour un film magnifique sur un canard mandarin mâle. Au cours de la projection, j'annonçai en anticipant que le canard, à un moment donné, allait faire telle et telle chose. Un peu agacé, sir Peter me rétorqua : « Mais non, sur ces images, le canard est très net et il bénéficie d'un bon éclairage. Il ne fera probablement rien. Tu ne savais donc pas cela ? » Et en effet, le mandarin mâle n'exécuta pas la pariade bien connue à laquelle on aurait dû normalement assister !

Dans le cas des films publicitaires, les animaux se comportent différemment. Ces chats qui avalent avec délectation du Friskies, Ronron, Kit et Kat ou autres pâtées devant la caméra se régalent, j'en suis persuadé, d'une toute autre préparation que celle du produit cité dans la publicité. De plus, ces animaux ne sont pas alimentés pendant une ou deux journées précédant le tournage afin qu'ils se précipitent tout droit sur leur pâtée au moment voulu, permettant ainsi au cameraman d'économiser de la pellicule. Ces malheureux chats sont en quelque sorte soumis à un régime. Les animaux eux-mêmes, les nouvelles caméras et les techniques modernes de trucage offrent de nombreuses possibilités. Les progrès réalisés en ce domaine sont considérables : il n'est que de se souvenir des conditions de tournage après la guerre, lorsque Heinz Sielmann [1] a commencé à filmer. Animaux et matériel étaient préparés et mis en place à grand-peine et la lourde caméra était lancée. Au moment décisif, alors que l'animal présentait justement le comportement le plus attendu, on entendait un borborygme annonciateur de panne ; toute la pellicule était gâchée. Le tournage de films, de nos jours, se trouve simplifié et facilité par un matériel moins fragile.

J'ai toujours rêvé de réaliser un film en faveur de la protection de la nature, illustrant la constitution pro-

1. Réalisateur de nombreux films sur les animaux. *(N.d.T.)*

gressive d'un biotope aquatique, à partir d'un étang artificiel de la région de la Ruhr, creusé dans un terrain carbonifère. Les abords seraient replantés jusqu'à ce que roseaux, joncs et canards colverts s'y développent naturellement. Le projet est simple. Mon intention était de filmer ce lieu à intervalles réguliers, en me plaçant toujours au même point d'observation, dans l'idée d'obtenir un effet d'accéléré. C'est un projet formidable, sauf qu'il aurait fallu que je m'y engage dès l'âge de trois ans, car quatre-vingts années auraient été nécessaires pour le mener à bien ! Et si j'avais souhaité que des chênes s'élèvent autour de l'étang, il aurait fallu compter deux cents ans. Cette idée de film aurait été réalisable sur deux générations, par un père et son fils... Le film en accéléré, tel que je le préconise, aurait un rôle majeur à jouer mais, pour autant que je sache, ce type de documentaire n'a pas encore été produit. Ce serait pourtant un bon moyen de mettre en évidence les processus qui transforment au cours des décennies un étang de gravière mort en un milieu naturel vivant. On verrait clairement qu'un biotope est un organisme doué de vie, mais dont l'évolution est si lente qu'on ne peut pas en avoir conscience sans la technique de l'accéléré.

Cette technique de l'accéléré concerne les documents montrant le comportement d'importantes concentrations d'insectes (fourmis, sauterelles) ou d'êtres humains, sur une place de marché par exemple. Lorsque ces scènes sont filmées à vitesse normale, on ne remarque rien d'inhabituel. En accéléré, les images défilant beaucoup plus vite mettent en évidence, sans erreur d'interprétation possible, certaines lois du comportement qui devient prévisible comme un paramètre mesurable.

Nous disposons à l'inverse de la technique du ralenti,

d'un intérêt comparable pour le film scientifique sur les animaux. Elle nous ouvre l'accès à de nouvelles connaissances. John Burchard, avec la collaboration de l'Institut du film scientifique, l'a utilisée pour expliquer la fonction de la langue du caméléon. La langue du caméléon, constituée de tissus caverneux qui durcissent, est projetée vers l'avant par un anneau de muscles, comme un noyau de cerises que l'on recrache. L'insecte visé par le reptile reste collé à la pointe de la langue qui se relâche totalement ; le caméléon la ramène alors avec l'insecte englué. Ce processus se déroule si rapidement que nous ne pouvons pas le percevoir à l'œil nu. Mais on l'observe à merveille, dans les détails, sur des images au ralenti.

Sur les photographies d'animaux, nous n'avons pas une succession d'images animées, mais des images uniques. Le photographe doit faire preuve d'intuition pour faire son cliché au bon moment.

Les premières photographies d'animaux ont été faites par les hommes de l'âge de pierre qui vivaient dans des cavernes. Ils avaient cultivé un véritable regard photographique pour les animaux qu'ils chassaient. L'art rupestre en témoigne : les représentations d'animaux, images eidétiques[1] particulièrement belles, sont nombreuses, figurant toujours leur sujet bondissant ou courant, dans la pleine expression d'un mouvement. Les artistes, qui étaient chasseurs, s'intéressaient plus aux animaux qu'aux hommes : les girafes, les bœufs musqués et les ours sont splendides et témoignent

1. Reviviscence d'une perception après un temps de latence. *(N.d.T.)*

d'une remarquable observation. Les êtres humains, également représentés, ressemblent à des pantins filiformes.

Les dessins représentant des animaux, antérieurs à la photographie, sont d'une valeur considérable pour la science. Quels formidables aide-mémoires que ces esquisses ! Lorsque j'étais jeune, j'ai dessiné beaucoup d'animaux, parfois simples ébauches, études de mouvement d'anatidés, ou de renards attrapant au bond une souris. Il m'arrive encore de faire des dessins au trait pour mes livres.

La photographie en tant que telle a pour vocation de figer l'action au moment crucial d'une situation donnée. J'ai pris conscience très tôt de l'importance de la photographie d'animaux pour illustrer un comportement particulier. J'ai fait beaucoup de clichés à mes débuts, puis j'y ai renoncé, ayant à ma disposition des assistants meilleurs photographes que moi.

Je possédais autrefois un appareil avec un puits au jour, c'est-à-dire qu'on regardait à l'intérieur par au-dessus. A l'époque, les animaux en liberté abondaient dans le jardin, ici à Altenberg ; j'élevais entre autres une colonie de hérons bihoreaux. Dans l'intention de le photographier, je m'approchai un jour d'un bihoreau. Tandis que j'étais penché sur le puits au jour de l'appareil, reculant pas à pas pour bien cadrer l'oiseau, un autre héron s'envola et une fiente s'écrasa juste dans le col de ma chemise ! Voilà ce qui peut arriver lorsqu'on est si absorbé par l'objet à photographier que l'on en oublie son entourage !

Les photographes d'animaux qui s'envolent vers l'Afrique pour photographier pêle-mêle toutes les espèces qu'ils rencontrent au cours d'un safari se font rares. La photographie de qualité, aujourd'hui, a une nette tendance à la spécialisation. Chaque photographe s'engage dans une branche précise, photographiant exclusivement des insectes, ou des oiseaux, ou des singes... Les clichés obtenus illustrent de façon très vivante le comportement animal. Les photographes d'animaux doivent faire preuve d'une patience admirable : l'animal doit présenter le comportement attendu, se trouver tout près, être un beau spécimen et rester devant l'objectif ! Ce qu'il ne fait pas toujours évidemment : un oiseau ne gonflera pas son jabot au moment précis où il se présentera sous le meilleur angle.

La photographie animale demande des connaissances précises. Il faut avoir en tête le schéma d'action complet de l'animal pour être en mesure de prévoir, plus ou moins, à quel moment tel comportement interviendra. Dans un film, où les images se succèdent sans interruption, il est plus facile de saisir des scènes de pariade ou des scènes d'action alors que, en photographie, les clichés défilent l'un après l'autre et doivent être pris au moment le plus propice pour rendre l'effet escompté.

Les livres sur la nature ne nous proposent que des images d'un monde intact. On ne montre guère la voie rapide qui découpe un paysage, le dépôt d'ordures sauvage qui dénature une prairie printanière.

Ce problème m'a souvent tracassé à la vue des reportages de Horst Stern[1] : dans quelle mesure un film ou un journal peut-il se permettre d'évoquer des choses laides sans risquer de perdre ses lecteurs ou ses spectateurs ? Bien vite, ces derniers seraient amenés à se

1. Journaliste ayant réalisé de nombreux films sur les animaux. *(N.d.T.)*

demander : « Pourquoi regarder ces images ? » Une belle photographie d'animaux a plus d'effets positifs, parce qu'elle exprime ce à quoi nous aspirons : préserver la beauté, l'harmonie. Il s'agit de trouver un juste équilibre : quelle somme de souffrance puis-je présenter pour éveiller la compassion sans que les gens se détournent ? Les hommes font preuve d'une navrante facilité à faire comme s'ils ne voyaient pas. Sans cette capacité à détourner leur regard, il leur serait impossible de vivre dans une bourgade d'Italie où l'on voit des poules vivantes suspendues par les pattes, la tête en bas, des ânes et des mulets que l'on fait avancer en les rouant de coups de pieds brutaux ou en leur lançant des pierres.

De belles photos d'animaux ou de nature contribuent à la prise de conscience de l'environnement. J'ai entendu dire récemment que le magazine *National Geographic* comptait un nombre important de lecteurs parmi les habitants des murailles de béton de New York et de Chicago ; ces citadins, bien à plaindre, contemplent du haut d'un gratte-ciel de magnifiques photos de montagnes, de forêts et de lacs, c'est-à-dire tout ce qu'ils n'ont pas et ne peuvent pas avoir. Ce genre de magazines est un succédané, mais il est bon qu'ils existent. Jamais ces revues ne pourront remplacer la réalité : l'émotion ressentie devant de belles photos d'un récif de corail n'est pas comparable avec celle que l'on éprouve en plongeant soi-même. Toutefois, cela vaut toujours mieux que de ne connaître aucune impression face à la beauté de la nature.

L'urbanisation croissante et des citadins de plus en plus étrangers à la nature rendent indispensables les belles photos d'animaux et de paysages, qui ne comblent pas nos besoins, mais nous aident. Pour citer Freud : « Seul l'insatisfait rêve. »

Toutefois, j'avoue être un peu partagé, car ne montrer que des images du type cartes postales ne présente qu'un intérêt minime. L'univers intact et parfait que les stratèges de la publicité et les démagogues ont concocté ne devrait pas être présenté sans restriction ; il conviendrait de prendre un nombre suffisant de clichés d'un animal, d'un paysage, d'un biotope pour pouvoir raconter leur histoire, une histoire près de virer au drame, mais qui se redresserait *in extremis*. Ainsi le public comprendrait ce qu'il a déjà presque perdu.

Les photographes d'animaux eux-mêmes ne sont pas irréprochables. Ils sont fréquemment la proie d'une sorte de frénésie, jusqu'à ce que le cliché soit parfait et qu'ils puissent le rapporter chez eux la conscience satisfaite. La plupart d'entre eux ne se soucient guère de savoir si la grenouille photographiée fait long feu après avoir subi les éclairages. Je suis convaincu que d'innombrables animaux ont déjà payé de leur vie la réussite d'un cliché. Tout enfant déjà, tout jeune être humain que j'étais, je me suis toujours demandé, en regardant des photographies, quel avait été le sort de l'animal après le cliché.

Dans l'ancienne version du nouveau Brehm[1] sont exposées de nombreuses photographies de jeunes oiseaux, à des stades différents de leur croissance. Tous ces clichés ont été réalisés par Heinroth. J'avais douze ou treize ans et je ne croyais pas qu'on puisse élever des oiseaux dans le but de les photographier régulièrement

1. Brehm, zoologue allemand né en 1829, a réalisé une encyclopédie sur les animaux qui, aujourd'hui encore, dans sa version réactualisée, est un ouvrage de référence. *(N.d.T.)*

à intervalle de huit ou quinze jours. Selon moi, ils étaient photographiés, puis on s'en débarrassait ! J'étais épouvanté par cette consommation d'oiseaux. Or, chez Heinroth, toutes les dispositions étaient prises pour assurer la survie de ses protégés. Espérons que nombreux sont les photographes aussi scrupuleux : il est monstrueux d'imaginer qu'un animal est maltraité, puis tué, pour une simple photographie.

On m'objectera qu'il faut savoir ce qu'on veut. On souhaite que les gens manifestent un tant soit peu d'intérêt pour la nature et pour les animaux, et le fait horrible, injuste, qu'un jeune moineau, charmant, paie de sa vie le stress que lui a imposé une séance de photographie est peut-être négligeable par rapport à cette chose essentielle : ce cliché convainc les gens et les incite à protéger les animaux et la nature. Le sacrifice d'un animal n'est légitime, et encore, que si la photographie est effectivement utilisée dans un ouvrage et devient accessible à tout le monde. Lorsque le photographe d'animaux est un ami de la nature et des bêtes, et cela devrait toujours être le cas, il tentera d'épargner et de préserver la vie de son sujet.

Disparitions, adaptations

Plusieurs espèces animales disparaissent chaque jour dans l'univers, même si ce fait passe inaperçu car il s'agit souvent de formes vivantes peu spectaculaires. Par ailleurs nombreuses sont les espèces qui s'adaptent assez rapidement aux pays envahis par la civilisation technique.

L'importance de ces deux processus ne doit pas être sous-estimée. L'extinction d'une espèce animale est une évolution irréversible. Lorsque le dernier couple représentant d'une espèce donnée s'est éteint, celle-ci ne réapparaît pas spontanément. Seul un nouvel acte créateur pourrait la faire surgir à nouveau. Ceux qui ont conscience de cette vérité devraient en conclure que l'*homo sapiens* lui-même n'est qu'une espèce parmi les autres, comme elles tributaire de l'eau, de la lumière et de la nourriture, sans parler d'une culture, toutes choses sans lesquelles il périrait.

Il est de notre devoir le plus urgent de protéger les animaux, afin d'enrayer leur extinction. Cela va dans le sens de notre propre intérêt, car la stabilité de tout système biologique est d'autant plus grande qu'un plus grand nombre d'espèces y participent. Cette règle s'applique autant à une mare qu'à un récif de corail complexe ou à la forêt tropicale. Un réel processus de prise de conscience devrait aboutir au constat suivant : l'homme ne se situe pas *à l'extérieur* des lois biologiques de cette terre composée des sytèmes écologiques les plus divers. Des hommes vivent dans le désert, aussi bien qu'au cercle polaire ou dans la forêt tropicale. Les mêmes lois naturelles sont valables partout, et l'extinction d'une espèce animale ou végétale n'est nullement aussi insignifiante que le prétendent certains industriels ou hommes politiques. C'est au contraire une tragédie.

Nous pouvons tenter de réparer et de protéger, en utilisant les jardins zoologiques, dont le rôle n'est pas négligeable. Un zoo qui ne ferait que collectionner les animaux, comme l'écolier accumule avec enthousiasme les timbres bariolés de tous les pays, aurait une action négative. Certains principes doivent sous-tendre les choix des zoos. Il est inacceptable d'enfermer n'importe quelles espèces d'oiseaux dans la même volière, sans aucune logique, sous le seul prétexte qu'ils arborent tous des plumages aux couleurs chatoyantes. Les jardins zoologiques, surtout actuellement, doivent prendre en compte les impératifs de la recherche, avoir pour objectif l'accroissement du nombre d'individus d'une espèce donnée, faute de quoi quel zoologue assumera la responsabilité morale de mettre en cage des animaux rares ?

Le dessein d'enfermer quelques-uns des ultimes tigres du Bengale, en sachant que les derniers spécimens de l'espèce vivent encore en liberté et pourraient se reproduire, m'apparaît comme un véritable suicide moral.

Heureusement, le cas inverse se présente parfois, lorsque l'habitat naturel d'une espèce est dévasté et que l'on prévient la disparition des animaux en les remettant à des jardins zoologiques. Cela revient à créer une nouvelle arche de Noé, jusqu'à ce que la menace d'extinction de l'espèce soit passée. C'est parfaitement réalisable, l'exemple des oryx, des bisons et des chevaux de Przewalski en témoigne. Sans l'action des zoos qui ont obtenu la reproduction et la multiplication de ces espèces par des échanges d'animaux d'un zoo à l'autre, jusqu'à obtenir des hardes importantes à nouveau viables, ces animaux seraient sûrement déjà au musée.

Il faut donc élever en captivité toutes les espèces pour lesquelles c'est faisable. Malheureusement, de nombreuses espèces ne peuvent être élevées dans ces conditions. Je le constate dans mon aquarium.

Cette entreprise se justifie-t-elle quand on sait que l'habitat naturel d'une espèce est irrémédiablement détruit ? Dans ce cas, cette espèce, condamnée à n'exister à perpétuité que dans un zoo, est déjà réduite à l'état de pièce de musée. Mais d'un autre côté, nous espérons — et cet espoir est fondé — que la situation pourra un jour s'améliorer.

Certaines espèces ne peuvent pas être élevées en captivité, tout au moins les tentatives d'élevage ont-elles échoué jusqu'à présent. La seule solution pour venir en aide à ces animaux consiste à protéger leur habitat. Il est impossible d'acclimater des outardes barbues dans un zoo : ces oiseaux vivent dans la steppe, paysage qui ne peut être recréé dans un jardin zoologique. Ces gros oiseaux vivant au sol sont adaptés aux espaces sans arbres, à perte de vue. Les outardes s'écrasent contre toute structure qui offre un obstacle, telle la paroi d'une cage. Ce n'est qu'un exemple parmi tant d'autres où l'élevage en captivité, même pratiqué rationnellement, n'est d'aucune utilité pour l'espèce, étant condamné à l'échec. Pour bon nombre d'autres animaux, nous ne savons pas encore s'ils peuvent à long terme vivre et se reproduire en captivité.

Certaines espèces sont adaptées pour vivre dans un espace-frontière englobant plusieurs habitats différents. Parmi eux, des herbivores inattendus, comme celui auquel toutes les plantes cultivées sur les terres agricoles du Tullnerfeld conviennent comme nourriture. Cet animal peut disparaître si les champs s'étendent sur une trop grande superficie ! Ainsi le rayon d'action d'un lièvre en une journée ne sera-t-il pas suffisant pour le mener jusqu'à la lisière d'un gigantesque champ de betteraves à sucre cultivé industriellement. Un lièvre dont la nourriture est normalement constituée des végétaux les plus divers — parfois même de champignons — peut-il vivre exclusivement de betteraves ? Vraisemblablement pas. En un sens le lièvre semble être un animal technophile, mais il souffre de l'exploitation industrielle des champs. Non seulement il en souffre, mais il est même menacé dans sa survie.

J'ai constaté de mes propres yeux que certaines espèces d'oiseaux possèdent une capacité d'adaptation énorme, et sont florissantes dans les dépôts d'ordures et les parcs publics. Je connais des oiseaux qui profitent d'une façon incroyable de l'activité des grands ports industrialisés : le goéland argenté par exemple. L'activité d'un port, par l'intermédiaire d'une espèce d'oiseau technophile, peut provoquer la mort d'îles servant de réserves d'oiseaux ! C'est un des problèmes majeurs de la protection des oiseaux en mer du Nord : la population de goélands argentés tire un tel bénéfice des grands ports qu'elle fait peser une menace grave sur la progéniture des sternes (hirondelles de mer) et d'autres espèces nidifiant sur les côtes : le goéland argenté se nourrit des déchets, des restes de poissons, etc., rejetés par l'activité portuaire, et se multiplie dans des proportions incroyables, avant de s'abattre sur les œufs et les petits d'autres oiseaux de mer.

Une des mesures adoptées pour protéger les oiseaux en mer du Nord consiste à secouer les œufs des goélands argentés pour en tuer le contenu, afin que les adultes couvent le plus longtemps possible, sans pondre une seconde fois, ce qu'ils font généralement par crainte d'inondations qui élimineraient la nichée, multipliant ainsi l'espèce. Le problème du géoland argenté illustre très bien la complexité de l'adaptation.

Certaines variétés de canards nous en donnent un autre exemple : je pense à la capacité d'adaptation du canard colvert et du filigule morillon sur les lacs, phénomène que j'observe non loin de chez moi. En voyant la retenue d'eau d'Altenwörth, on pourrait croire que le fuligule a été créé spécialement pour les lacs artificiels, tant il y prospère ! D'autres canards, par contre, la nette rousse par exemple, conservent un habitat très localisé. Nous ne savons pas pourquoi. Personne ne peut dire pourquoi le canard colvert s'adapte si bien à la civilisation, et pas le canard pilet qui est une variété très proche — la plus proche même. On le comprend, ou tout au moins on le constate, lorsqu'on veut faire soi-même l'élevage de ces deux variétés : l'élevage du colvert est facile, celui du canard pilet, très difficile. Nul n'est en mesure de dire ce qu'il adviendrait si le canard pilet disparaissait. Il faut insister sur ce point : personne ne connaît les conséquences de l'extermination de telle ou telle espèce sur la structure d'interaction d'un biotope. La disparition d'une espèce constitue un avertissement ; à tout moment, elle peut produire un effet en retour négatif pour les êtres humains, même si jusqu'à présent ce n'est guère apparent.

Certains prédateurs se sont curieusement bien adaptés aux paysages et aux sites créés par l'homme. Je pourrais écrire tout un roman sur le renard, considéré comme un animal très craintif. Le renard s'installe dans les faubourgs, dans les quartiers misérables, se nourrit de déchets et vit dans les égouts. Même chose pour le blaireau : il s'est introduit dans les banlieues où il dévalise les poubelles pendant la nuit. Sans parler de la fouine : dans certains quartiers périphériques, il est risqué de laisser sa voiture garée dans la rue la nuit, en raison des fouines qui cisaillent les cables du moteur. Ces phénomènes sont apparus au cours des dernières décennies. On ne sait pas quelles proportions ils vont atteindre, et ce n'est pas sans danger. Il y a quarante ou cinquante ans, si l'on apercevait une foulque macroule au cours d'une excursion au Neusiedlersee, on était enchanté et heureux. La foulque macroule fait partie de la famille des râles, plutôt craintifs et peu familiers. Aujourd'hui, on en trouve même aux abords des petits lacs artificiels de nos parcs ! Cela illustre tous les changements qui peuvent intervenir au cours d'une vie humaine de longue durée. Un grand point d'interrogation demeure : nous ne savons pas si à long terme de telles adaptations présentent réellement un avantage. Il est réjouissant d'apprendre que des faucons pèlerins nichent dans certaines grandes villes allemandes et s'y reproduisent. A l'origine, ils nichaient dans les anfractuosités des rochers, et se sont maintenant établis dans les clochers des églises. Mais le faucon pèlerin ne trouve pas sa nourriture avec autant de facilité que les corbeaux ou les mouettes.

Voilà qui nous amène à parler de la chaîne alimentaire, dans laquelle le phénomène d'adaptation peut avoir des conséquences fatales. La plupart des prédateurs — pour en rester à l'exemple du faucon pèlerin — se nourrissent d'un type bien particulier de proies. Un *falco peregrinus* (faucon pèlerin) n'ira pas dans les champs avaler des sauterelles ou des vers de terre, comme le fait la buse variable, mais il jette son dévolu sur des oiseaux qui atteignent le plus souvent la taille d'un pigeon. Les cailles des blés et les perdrix grises font également partie de ses proies favorites. Or les cailles en particulier sont très friandes d'insectes. Prenons le cas où des perdrix grises et des cailles des blés — cette espèce étant déjà, de toute façon, très menacée — vivent dans un champ de pommes de terre exploité industriellement, et picorent essentiellement des doryphores et des larves de doryphores, qui sont les ennemis des cultures. L'agriculture moderne survient avec sa « bombe à faire pousser les betteraves », et pulvérise des nuages d'insecticide. Outre le fait que de très nombreux insectes prétendument nuisibles pour les cultures sont pratiquement immunisés contre les produits chimiques employés pour leur destruction, ils supportent à l'évidence, en tant qu'insectes inférieurs, une dose plus forte de substances nocives que les oiseaux, animaux supérieurs. Le degré d'accoutumance des doryphores aux doses toxiques est effarant, et en outre ils se reproduisent bien plus rapidement que les animaux qui les picorent. Voilà comment les perdrix grises avalent des doryphores empoisonnés. Le poison ingéré est éliminé lentement. Le faucon pèlerin survient alors et s'empare en premier lieu de la perdrix que les substances toxiques ont déjà fragilisée, selon le principe de la sélection naturelle : les animaux les moins rapides sont plus vite la proie d'un prédateur. Le faucon pèlerin ou sa progéniture sont les derniers consommateurs du poison pulvérisé et l'issue est fatale. Des études ont montré que les faucons pèlerins ainsi contaminés deviennent stériles, ou que leurs œufs ont des coquilles trop fines : elles se brisent lorsque l'oiseau se pose sur les œufs pour couver. Dans le cas d'empoisonnements graves dus aux insecticides, il arrive également que des oiseaux âgés ou des oisillons encore au nid meurent. Ainsi les insecticides font-ils périr le faucon pèlerin en raison des liens étroits qui existent dans la chaîne alimentaire. L'adaptation réussie du doryphore a provoqué la mort du faucon. Ce n'est qu'un exemple parmi d'autres d'une adaptation aux conséquences négatives. Il ne faut pas oublier que l'homme ne se trouve que trop souvent à l'extrémité de cette longue chaîne alimentaire, comme nous en avons eu une preuve dramatique par les empoisonnements aux métaux lourds causés par l'ingestion de poissons contaminés de la mer Baltique.

Que dire des rongeurs, comme les souris et les rats, quant à leur formidable capacité d'adaptation ! Une souris peut manger à peu près de tout. Malgré des méthodes d'extermination toujours plus élaborées, les hommes n'ont pas réussi à se débarrasser des souris, parce que, représentant justement le cas le plus typique d'animal s'adaptant à la civilisation technique, elles peuvent pratiquement s'accommoder de toutes les conditions d'environnement. Les souris et les rats dévorent une part importante de la nourriture destinée au prolétariat du tiers monde. Nous savons maintenant d'après les recherches sur l'évolution que moins une espèce est spécialisée, mieux son adaptation fonctionne. Spécialisé sur le mouvement, le caméléon doit forcément capturer des insectes en mouvement pour se nourrir. Une souris ne se montre difficile ni pour sa nourriture, ni pour son habitat. Cependant il y a moins d'espèces capables de s'adapter à des conditions modifiées de l'environnement que d'espèces qui ne le peuvent pas. Seul un nombre limité d'espèces survivront à l'amenuisement progressif des espaces naturels, et pourront venir vivre avec nous dans les villes. La majeure partie des espèces n'est pas en mesure de s'adapter aussi vite que l'expansion de la civilisation l'exigerait.

Si l'évolution actuelle se poursuit, de nombreuses espèces ne connaîtront pas le prochain millénaire. Les oiseaux les premiers, qui présentent des formes d'adaptation très spécialisées, seront touchés par ce phénomène. J'espère que l'extinction des espèces maritimes ne sera pas complète : elles se maintiendront dans les contrées septentrionales, mais elles disparaîtront vraisemblablement des côtes européennes. Le pygargue à queue blanche est très menacé, de même que d'autres rapaces vivant au bord de l'eau. Dans ma jeunesse, les milans noirs abondaient près du Danube, aujourd'hui on ne peut plus en voir un seul. Parmi les mammifères adaptés à la vie aquatique, les loutres auront malheureusement bientôt disparu. Les pêcheurs en sont en grande partie responsables, étant moins bons protecteurs de la nature que les chasseurs. Les chasseurs ont une sorte de code de la chasse, les pêcheurs ne connaissent rien de semblable et ne pensent qu'à attraper toujours plus de poissons : il leur arrive même de tirer sur les martins-pêcheurs sous prétexte qu'ils se nourrissent de petits poissons ! Parmi les anatidés, outre le canard colvert déjà évoqué, les oies nordiques qui nidifient en bordure de lacs et d'étangs vont certainement continuer à se multiplier, ainsi que le cygne tuberculé.

Pour se pencher ainsi sur l'avenir et dire quelle espèce résistera, il faudrait prévoir également la structure de la société, ce qui est impossible. S'il y a des familles très riches, au style de vie féodal, elles tenteront de sauver les cerfs, car elles ne voudront certainement pas renoncer au plaisir de la chasse.

Patrimoine génétique

Existera-t-il un jour des monstres de la nature, si la science venait à entreprendre la création par croisements de plantes peu sensibles aux contraintes de l'environnement et d'espèces d'animaux résistantes, pour les introduire dans des régions dévastées ?

Je pense que cette éventualité est peu vraisemblable. Il reste trop peu de temps pour cela ! Seuls les phénomènes de dégénérescence, se traduisant par la perte de gènes, interviennent rapidement. Les races de chiens à la mode, fortement croisées entre elles, nous en donnent la preuve. Mais il est pratiquement impossible, à mon avis, qu'un être vivant nouveau, de grande taille qui plus est, fasse son apparition.

Cependant la science n'a pas de limites et l'on peut toujours trouver quelque chose de nouveau. Mais la science analytique est dans l'erreur lorsqu'elle soutient que la recherche menée vers le bas, dans le sens de la réduction, offre une vraie solution. De nombreux spécialistes en sciences physiques et naturelles ou des biologistes moléculaires sont persuadés que l'on peut trouver dans la réduction l'explication du fonctionnement d'un phénomène plus complexe. Des processus qui ont trait à la vie ne peuvent être expliqués *uniquement* par des analyses relevant de la physique et de la chimie ! Ils en dépendent aussi, mais un système complexe ne peut être pleinement compris que par une approche synthétique des différents domaines mis en cause. Si, par exemple, on veut comprendre la loi de la gravitation, il ne suffit pas de savoir qu'il existe un axe, un fil et un poids de pendule, mais il faut comprendre l'interaction de ces différents éléments pour en déduire la loi du pendule.

Je ne crois pas qu'on va continuer dans cette voie, même dans le domaine de la domestication et des manipulations génétiques. Je ne serais pas là à parler et à faire de la propagande si je n'avais pas de l'espoir. Je n'éprouve pas non plus tellement de craintes face aux manipulations génétiques. Elles ne pourront avoir d'utilisation positive que si l'humanité devient plus sensée, et je suis plutôt optimiste sur ce point. Je considère comme invraisemblable l'hypothèse qu'un être destructeur de l'humanité puisse être créé par élevage et par croisement, de même qu'il serait invraisemblable qu'un éleveur de carlins produise des chiens si dangereux pour l'humanité qu'elle en soit réduite par peur à se tuer elle-même ! Ce danger est bien loin de nous.

La perte des gènes représente un danger beaucoup plus réel, que nous sous-estimons souvent. Il faudrait prêter la plus grande attention à ce phénomène. En ce qui concerne les animaux domestiques, la perte des gènes est en grande partie souhaitée, du moins à l'origine. Cependant, cette perte d'abord volontaire peut, par la suite, aller si loin que le système biologique dans son ensemble ne fonctionne plus : les éleveurs s'efforcent maintenant de croiser leurs animaux avec des animaux domestiques primitifs, c'est-à-dire des espèces sauvages, afin de retrouver un gène. Des espèces trop modifiées par croisement, avec un patrimoine génétique appauvri, ne sont plus viables. La même chose se produit pour les plantes. Les variétés obtenues par croisement pour des rendements maximum voient souvent leur résistance aux parasites diminuer. On veut alors croiser cette nouvelle plante « domestiquée » avec une espèce sauvage, plus résistante. Qu'arrive-t-il si l'espèce sauvage n'existe plus ? Si elle a déjà été anéantie ?

C'est très dangereux. Je crois, et j'espère, que les éleveurs commencent à s'inquiéter de ce que les différentes races d'animaux sont trop peu nombreuses et de ce que des pertes de gènes se sont déjà produites parmi les races d'animaux domestiques. Mon ami Hüthmayer a eu l'idée de créer une réserve d'animaux domestiques, dans une prairie située sur le Kasberg. Cette entreprise est subventionnée par le Syndicat d'initiatives. On emploie des méthodes traditionnelles pour soigner des races de bœufs et de moutons en voie de disparition, que l'on ne trouve plus guère dans les fermes parce qu'elles produisent trop peu de lait, de viande ou de laine, en comparaison des races performantes exagérément croisées, créées spécialement pour obtenir des rendements élevés. Même si les éleveurs ignoraient qu'il ne faut pas laisser disparaître les races d'animaux domestiques, les vétérinaires, eux, le savent très bien et reconnaissent leur utilité même si ces races fondatrices donnent moins de viande ou d'autres produits et sont de plus en plus souvent supplantées. On ne doit en aucun cas les supprimer, pour la simple raison que les races performantes ont régulièrement besoin d'être renouvelées par des croisements avec des individus non dégénérés de leur propre espèce ayant un patrimoine génétique plus riche.

C'est valable également pour les animaux sauvages. Lorsque l'étendue des espaces de nature se réduit, des croisements d'animaux apparentés se produisent forcément, même parmi les animaux sauvages. Les races sauvages sont par la suite elles-mêmes gravement menacées de dégénérescence. Il est étonnant et consternant de constater que les races sauvages sont noyautées par leur propre forme domestique, et finissent par disparaître. Nous observons cette évolution chez les canards colvert : ils se sont adaptés à la civilisation, vivent près des lacs et des étangs des parcs publics, et sont nourris par le public. Ils s'entendent très bien avec les canards domestiques blancs. On voit souvent ces deux espèces, la forme domestique et la forme sauvage, cohabiter près des fermes. L'entente est si bonne qu'il se produit des croisements entre les deux espèces, et la forme sauvage disparaît peu à peu !

Les phénomènes de dégénérescence sont particulièrement évidents chez des animaux élevés en captivité, qui se reproduisent rapidement, plus rapidement que des espèces dont la durée de vie est longue. Certaines espèces de poissons, à la sociabilité élevée, possèdent un instinct très marqué pour soigner leur progéniture. Il suffit de quelques générations élevées en aquarium pour que cet instinct disparaisse à peu près intégralement. On ne trouve alors plus guère de couple capable de s'occuper convenablement de sa progéniture. Cette observation devrait nous faire réfléchir. La domestication ne modifie pas uniquement l'instinct, mais parfois aussi l'apparence de l'animal. Tous les aquariophiles qui élèvent des guppys le savent bien. Les poissons introduits présentent au départ des couleurs chatoyantes. Mais, lorsqu'ils se reproduisent plusieurs fois entre eux, leurs couleurs perdent toute leur splendeur et ils n'ont bientôt plus rien de comparable avec un guppy fraîchement pêché dans l'Amazone.

Les hommes perçoivent toujours une certaine beauté pleine de noblesse dans les formes sauvages, alors qu'ils considèrent au contraire la forme domestique comme beaucoup moins élégante. J'en fais la démonstration dans mes cours en prenant quelques exemples : je montre un sanglier d'un côté et, de l'autre, un porc au ventre pendant, puis je montre un loup et un carlin, une carpe et une dorade, etc. Presque tous les étudiants reconnaissent une plus grande beauté à la forme sauvage. Les traits caractéristiques de la domestication — amas graisseux, ventre tombant, muscles atrophiés, modification du squelette notamment en ce qui concerne la base du crâne, raccourcie — sont jugés inesthétiques. Je connais cependant une exception : lorsqu'on montre la photo d'un cheval sauvage de Przewalski face à celle d'un étalon arabe pur-sang. Dans ce cas, il faut quelques instants pour discerner l'espèce sauvage de l'espèce domestique ! Il est vrai que chez l'étalon arabe, l'homme n'avait aucun intérêt à augmenter par croisement la graisse ou la chair, puisque ce cheval ne lui sert pas de nourriture, à l'inverse des bœufs ou des porcs, mais doit faire preuve de rapidité à la course.

Ces traits caractéristiques de la domestication (tissus graisseux, etc.) sont également présents chez l'homme aujourd'hui. On parle certes du « ventre de l'abondance », mais cela n'empêche pas qu'il soit considéré comme inesthétique ! Les sculpteurs de l'Antiquité en avaient déjà conscience. Sur les statues grecques, les parties du corps représentées de façon exagérément musclée correspondent aux endroits où la graisse s'accumule le plus facilement. Dans quelle mesure l'apparition de traits physiques typiques de la domestication se fait-elle parallèlement à la disparition de toutes les valeurs éthiques propres à l'être humain ? C'est une question que l'on peut se poser. Lorsque dans une station de métro de New York un vieillard s'effondre à la suite d'une défaillance cardiaque, il ne se trouve personne pour prendre soin de lui humainement. Dans de nombreux endroits, l'indifférence ou l'absence de participation ont pris des proportions inquiétantes. Je considère ces signes de dégénérescence qui font disparaître l'humain en l'homme comme une des menaces les plus sérieuses pour l'humanité dans son ensemble. Je m'intéresse depuis longtemps à ce problème dont traite mon dernier livre, *L'Homme en péril*[1]. Pour se suicider, l'humanité n'a même pas besoin de s'asphyxier par manque d'oxygène, en détruisant les algues marines et les forêts tropicales. Elle n'a pas non plus besoin de s'exposer sciemment au danger de la radioactivité : il suffit que l'homme moderne abandonne peu à peu toutes ses nobles valeurs humaines pour périr. Il faut mettre l'humanité en garde contre ce danger imminent, autant que contre tous les autres périls élémentaires, destructeurs de l'environnement, que notre civilisation a engendrés.

1. Op. cit.

L'homme et la forêt

La mort de la forêt, dont l'origine est à chercher dans les fondements les plus divers de notre civilisation, est devenue un problème majeur, voire un problème de fin des temps. Que les arbres disparaissent à cause de la pollution de l'air ou à cause de l'exploitation forestière, en abattant les arbres, abattons-nous notre propre avenir ?

Nous pouvons l'affirmer sans aucune exagération ! La forêt joue le rôle de poumon du monde comme de tous les pays à haut degré de technicité, et sa mort nous préoccupe d'autant plus que nul ne sait quelle ampleur va prendre le phénomène. Même si l'on supprimait radicalement tous les acides qui polluent l'atmosphère, le risque deumeurerait de voir la forêt continuer à dépérir. Cependant, l'espoir est tenace. Grâce à Dieu, les arbres se reproduisent facilement par leurs graines. En reboisant, on peut tenter de rétablir quelque peu la situation. Mais il est à craindre que la mort de la forêt n'entraîne d'autres dégâts et que la végétation dans son ensemble soit touchée : les conséquences bien entendu seraient catastrophiques pour l'homme. Malheureusement, la croyance bien ancrée selon laquelle l'homme et la nature appartiendraient à deux sphères distinctes prédomine. Beaucoup de gens sont convaincus, à tort, que la nature entière pourrait dépérir, tandis que l'homme, lui, continuerait à vivre. S'il n'en était pas ainsi, nous nous serions souciés bien plus tôt du sort des forêts.

La question du rapport entre l'homme et la forêt me passionne. En Europe, et surtout dans la poésie romantique allemande, cette relation est très particulière. Un tel culte est rendu à la forêt que les hommes d'affaires, qui se disent matérialistes, objectifs (et qui, pour cette raison précisément, éprouvent un penchant pour le kitsch), estiment que l'amour de la forêt constitue une superstition nostalgique et irréaliste.

En Amérique du Nord, c'est l'inverse. Les citoyens américains contemporains ressentent encore une certaine hostilité instinctive envers la forêt parce que, il y a seulement quelques générations, ils étaient exposés de près à ses dangers et devaient la défricher. On a l'impression — je cite Vought — que « l'Américain est ravi lorsqu'un arbre disparaît ». Peut-on imaginer réaction plus bornée ? En Amérique, une image négative est associée à la forêt : de même qu'il paraît impensable de protéger le loup, cet ennemi de toujours du berger, il paraît impensable de protéger la forêt. Il faut bien se garder de sous-estimer le rôle de l'émotionnel dans la vie économique. En Amérique, on cherche à promulguer des lois interdisant d'abattre les vieux arbres dans les grandes villes. Je ne sais pas dans quelle mesure ces tentatives sont couronnées de succès, mais j'ai constaté de mes propres yeux qu'on ne voit pas de grands arbres à l'est des Etats-Unis, mais seulement de la *second growth forest* (forêt de seconde pousse). Il s'agit de forêts composées uniquement de petits arbres très denses, qui ont poussé naturellement sur les terrains où les cultures n'étaient plus rentables, parce que l'exploitation de champs gigantesques à l'ouest produisait des céréales meilleur marché. Je me suis longtemps demandé ce qui me manquait dans le paysage de l'Est américain, avant de trouver que c'étaient les grands arbres. On les rencontre uniquement, de temps à autre, à l'état de souche, au milieu de ces résineux « inférieurs » et dans de vieilles haies dégradées, témoins de l'exploitation agricole passée. Les *second growth forests* sont peuplées d'une faune intéressante : de l'ouest, où l'agriculture l'avait autrefois obligée à se retrancher, elle est retournée à l'est, son habitat d'origine. Lorsque l'on circule en voiture dans l'Est américain, on aperçoit quantité de mouffettes et de ratons laveurs écrasés sur la route. Malgré tout l'intérêt qu'elle présente, cette nouvelle biocénose constituée de petits prédateurs et d'arbres rabougris n'est pas satisfaisante, au regard du sens esthétique d'un Européen.

Si je donnais libre cours à mon sentiment, je souhaiterais qu'il ne pousse en Europe centrale que de la forêt de feuillus et de résineux, laissée à l'état naturel. La forêt de feuillus et de résineux présente de grands avantages d'un point de vue écologique. Tout écosystème intact, comme ceux que constituent les forêts composées d'essences d'arbres variées, peu entretenues et peu exploitées, est d'autant plus stable qu'un plus grand nombre d'espèces animales et végétales en fait partie. Prenons un exemple : si une catastrophe provoquée par les chenilles de nonnes *(lymantria monacha)* décime les conifères, une forêt mélangée n'en sera pas pour autant anéantie. Par contre, des forêts constituées uniquement de conifères le seraient. Je citerai à ce propos le Pr Burian, botaniste à Vienne, qui déclara un jour : « La monoculture, c'est-à-dire la culture d'une seule et unique espèce végétale utile, représente le péché mortel, le péché originel de l'humanité. » Cette affirmation vaut naturellement autant pour les forêts que pour les champs. D'où la valeur de la forêt diversifiée que caractérise une variété de familles de plantes. Sans compter qu'elle assure à la faune d'innombrables lieux de vie. De plus, l'œil humain a plaisir à la contempler.

Cependant il existe chez nous des types de forêts d'une seule espèce d'arbre, non plantées par l'homme, et constituées d'essences en nombre naturellement limité, comme l'aulnaie.

On pourrait effectivement dire que l'aulnaie est une forêt diversifiée réduite. Elle se compose d'un petit nombre d'espèces végétales, mais conserve cependant un aspect naturel, et surtout sa survie nécessite des conditions spécifiques. Pour fonctionner elle a besoin d'être inondée chaque année, et elle présente, en particulier, l'avantage de se régénérer rapidement.

Si une zone complètement infertile — un banc de graviers et de galets — n'est pas inondée deux années consécutives, cela suffit pour que les rejetons de saules soient anéantis. En revanche, lorsque les petits saules sont âgés de trois ou quatre ans, ils résistent aux inondations et, peu à peu, une aulnaie tout à fait satisfaisante sort de ce désert de cailloux. Voilà sur quoi je fonde mon espoir, celui que, malgré les retenues d'eau aux abords des centrales hydro-électriques, les aulnaies dans certaines zones soient suffisamment arrosées pour poursuivre leur croissance et se régénérer. Ce combat devrait pouvoir être gagné. C'est essentiellement sa faune qui confère à l'aulnaie sa valeur. Pratiquement aucun autre espace naturel n'abrite autant d'espèces animales intéressantes, malheureusement menacées. Je défends là ma propre cause, car l'aulnaie est le paysage de mon enfance ! Ce biotope n'est pas uniquement menacé dans notre pays très développé par les barrages. A titre d'exemple, la présence d'aulnaies nécessitant une inondation par an n'est pas compatible avec la pratique de l'agriculture : il n'est pas possible de cultiver un champ dans une aulnaie. Une fois l'aulnaie asséchée à cause des barrages, le premier pas est franchi pour qu'ensuite toutes les réflexions d'ordre économique se prononcent contre l'irrigation. En haut lieu, une personne disposant du pouvoir d'orienter la politique économique a même déclaré que les grenouilles, les crapauds et les mollusques, ainsi que les « derniers hommes de Neandertal » — c'est ainsi qu'ils nous désignent — ne présentent pas une valeur économique suffisante pour que leur conservation soit souhaitable ! Cette remarque est imprimée dans le rapport d'un homme dont je ne divulguerai pas le nom par discrétion. On dénombre quand même au moins quatre lauréats de prix Nobel parmi ces « hommes de Neandertal », et à peu près tous les biologistes intelligents que je connais. Je précise que je me sens parfaitement bien parmi ces « hommes de Neandertal ».

J'ai pris fait et cause pour Hainburg[1] parce que j'ai senti que les responsables du secteur de l'énergie n'avaient pas la moindre idée de la valeur de cet espace

1. Le projet de construction d'un barrage sur le site de Hainburg avait suscité de nombreuses manifestations d'opposition. *(N.d.T.)*

naturel. J'ai reçu une lettre d'un de ces hommes haut placés, d'où il ressort qu'il ne sait absolument pas de quoi il s'agit. Il semble que le gouvernement autrichien se prononce actuellement en faveur d'un barrage à Hainburg. Je le regrette infiniment et je sais qu'au sein du gouvernement il y a au moins certains membres importants qui rechignent à donner leur accord.

J'ai malheureusement un tout proche exemple de vandalisme terrifiant, celui du barrage de Greifenstein : tout autour, l'aulnaie de cette région de mon enfance, si familière, a été par endroits littéralement rasée. Elle pourrait repousser, mais des usines, des bâtiments et des routes auront vraisemblablement été construits avant. La préservation de réserves naturelles relève de l'urgence, afin que les espèces animales et végétales soient conservées et que l'on puisse éventuellement procéder à la réhabilitation de zones dévastées.

Mon ami Otto Koenig a signalé à juste titre l'existence d'une « nature de seconde main ». Par des mesures de protection de la nature, des zones sans vie — surtout des gravières, ou le barrage sur l'Inn, à Passau — ont été transformées en un biotope nouveau, vivant. Même un simple aquarium constitue un biotope artificiel ! Cependant, ces biotopes ne peuvent être créés que si l'on dispose encore de réserves de biotopes naturels. Or notre aulnaie est l'une des dernières d'Europe centrale...

Si j'étais sûr que les dernières aulnaies intactes seront préservées — par exemple au bord du Danube, en amont de Greifenstein —, je ne serais pas si hostile au barrage de Hainburg. Mais les considérations d'ordre économique, en vertu desquelles une aulnaie asséchée est préférable à une aulnaie naturelle, risquent fort d'avoir pour conséquence sa disparition totale aux alentours des barrages.

Il est même concevable que la destruction des forêts naturelles soit l'objectif recherché. Cela serait une terrible catastrophe ! En effet la pratique de la monoculture dans les forêts « exploitées » est-elle positive à long terme ? De prime abord, une forêt composée uniquement d'épicéas, sans autre plantation, semble être parfaitement viable. En outre, elle n'est pas laide — les forêts des pays alpins sont presque exclusivement des forêts d'épicéas. Bien que les arbres alignés au cordeau dans ces forêts soient de faible valeur esthétique, ce qui manque à la monoculture n'est pas uniquement d'ordre esthétique. L'univers entier est soumis à des lois écologiques et biologiques, que les responsables économiques, et tout leur argent, ne peuvent pas acheter pour s'en libérer. Ces lois sont valables pour les forêts plantées d'une seule essence : plus un espace naturel de vie est pauvre en créatures vivantes et plus il est fragile. Son équilibre est rompu. Si aucune végétation ne pousse au sol sous les arbres, les oiseaux qui se nourrissent d'insectes ne pourront guère trouver refuge dans la forêt. Sans ces oiseaux, les insectes nuisibles ne sont plus picorés et se mettent à pulluler. Cela peut suffire à amorcer un cercle vicieux. On ne remarque pas immédiatement ce qui se passe, d'où le danger. De plus, les racines des épicéas et des sapins se développent plutôt en surface ; au cours de tempêtes violentes, telles que nous en connaissons à intervalle de quelques décennies, les forêts sont renversées par le vent comme des allumettes, parce qu'il manque des essences d'arbres aux racines profondes, enchevétrées avec celles des épicéas et des sapins, pour les retenir.

Mais l'exploitation rapide de ces forêts est ce qui

leur est le plus préjudiciable ; les animaux, au demeurant peu nombreux, subissent fortement le contrecoup de l'abattage des arbres. Il n'est pas bon non plus de reboiser immédiatement après que les arbres ont été coupés ; on prévient ainsi l'érosion, mais cela nuit aux animaux.

Il existe une loi obligeant à replanter immédiatement une forêt déboisée. Le reboisement trop rapide n'est guère profitable aux animaux : les surfaces défrichées sont rapidement envahies par les ronces ou d'autres plantes du même type, dont les cerfs et les chevreuils se nourrissent. Une des raisons pour lesquelles ce gros gibier, sans parler des laies de sanglier, occasionne d'importants dégâts dans les cultures, est que la forêt, trop exploitée, ne leur dispense pas de quoi les nourrir suffisamment, les obligeant à pénétrer dans les champs des paysans.

Je suis donc convaincu que les considérations d'ordre économique qui sous-tendent le choix de la monoculture sont purement commerciales, mais je soupçonne également que ceux-là mêmes qui devraient connaître les conséquences de leur décision en ont une idée trop imprécise.

Déjà, dans un certain nombre de livres à la mode, la forêt est présentée comme un lieu peu sûr. Par exemple, dans *Le Seigneur des anneaux* de Tolkien, que presque tous les enfants ont lu, la forêt évoquée est un endroit inquiétant, refuge d'effrayants démons, considérée dans son ensemble comme mauvaise. Ces conceptions fausses, même si poétiques, de la forêt sont pernicieuses. Elles enthousiasment certainement l'Amérique. Les Américains se réjouissent sûrement d'apprendre que des trolls et de méchants nains peuplent cette forêt qu'ils détestent. Il faut espérer que cet état d'esprit vis-à-vis de la forêt ne se répandra pas dans nos pays.

Je fais l'hypothèse qu'un arbre, pris isolément, est mieux appréhendé dans notre imaginaire, même si cette affirmation semble contredire un peu ce qui précède. Lorsqu'on a grandi dans un jardin avec de vieux arbres, sur lesquels on a grimpé — mes petits-enfants escaladent des arbres que le père de leur arrière-grand-père a plantés —, je crois, si je peux me permettre de généraliser à partir du cas de ma propre famille, que l'homme aime beaucoup les arbres, de façon quasiment innée.

Un jardin de ce genre se transforme peu à peu en forêt parce que les arbres qui vieillissent s'élèvent toujours plus haut ; mon arbre, par exemple, a plus de cent ans. Mais si l'on souhaite que poussent également de l'herbe et des fleurs, il faut faire de temps à autre le sacrifice d'un arbre afin que le soleil puisse pénétrer. Lorsque ma femme et moi, en compagnie de nos enfants et de nos petits-enfants, nous nous rendons dans le jardin pour « prononcer la sentence de mort d'un arbre », il se trouvera toujours l'un d'entre nous pour prendre fait et cause pour l'arbre proposé, quel qu'il soit, jurant ses grands dieux, avec force arguments précis, que ce serait une erreur de l'abattre. Le grand ptérocarya devant ma fenêtre rend ma chambre pratiquement inhabitable parce qu'il y fait trop sombre, même en été. Mais l'abattage de cet arbre serait un crime ! Je considérerais cela comme un acte de vandalisme de la pire espèce. Les êtres humains qui ne possèdent pas cette échelle de valeurs me sont étrangers.

C'est aussi une question d'éducation. En quoi des jeunes qui vivent enfermés dans une grande ville seraient-ils responsables de ne pas aimer les arbres, puisqu'ils ne les connaissent pas ? Nous avons besoin de bons pédagogues, et mieux encore, de parents compétents, sensés, qui se promènent avec leurs enfants et les rendent attentifs à la beauté des arbres et des forêts. Les hommes ne savent plus comment on se promène en forêt, et on observe de plus en plus souvent un comportement inadéquat, alors que la promenade en forêt bien pratiquée constitue la meilleure remise en forme qui existe. Le mieux est de se promener tout seul ou à la rigueur avec un chien, qui ne chasse pas dans tous les sens. En compagnie d'autres personnes, il est plus difficile d'être réceptif à l'impression globale produite par la nature intacte. Une promenade en forêt devrait être propice au recueillement, au retour vers le naturel. Passe encore à deux, en couple, mais déjà en compagnie de trois ou quatre personnes on ne peut guère en ressentir le bénéfice.

Il existe d'autres pratiques désolantes. En partant de Seewiesen, nous étions allés nous promener, ma femme et moi, dans la magnifique forêt de feuillus et de résineux toute proche. Nous avons vu des grives musiciennes de toute beauté, des grives draine, des pouillots et beaucoup d'autres oiseaux. Belle promenade printanière, avec en bruit de fond tous les chants de la nature. Soudain nous entendîmes le braillement d'un haut-parleur faisant déferler de la musique rock. Sur le chemin, un jeune homme de quinze ou seize ans descendait de la colline à bicyclette, un poste de radio installé sur son porte-bagages. « Il risquerait d'entendre les oiseaux, et cela lui fait peur », dit alors ma femme. Derrière l'ironie de cette formule se cache un phénomène très sérieux : trop de gens, par la faute d'une éducation esthétique erronée, considèrent la musique pop, les couleurs criardes et certaines formes d'art moderne, que je juge personnellement douteuses, comme la pointe de la création. Pour ces pauvres diables, l'harmonie d'une forêt et de la nature en général est non seulement peu attirante, mais ils éprouvent une sorte de répulsion envers elle. J'ai l'impression qu'ils sont confusément conscients de l'infériorité de leurs propres idéaux esthétiques dévoyés, mais qu'ils s'obstinent à ne pas voir qu'il existe d'autres harmonies que celles de l'électronique et des jeux sur ordinateur.

Les décharges d'ordures sauvages devraient être strictement interdites. Malheureusement, échappant à tout contrôle, elles prolifèrent en forêt, parfois plus nombreuses que les fourmilières, aussi bien en Autriche qu'en Bavière. Ainsi, à côté de mon institut, qui se trouve justement en Bavière, s'étend une magnifique forêt délimitée au sud par des champs. En lisière, la vue porte jusqu'au Zugspitze et on voit toute la chaîne des Alpes. Une décharge d'ordures du village voisin, non contrôlée, étale son triste spectacle à cet endroit précis. Cette décharge n'est pas uniquement laide : les décharges non contrôlées en forêt constituent souvent de véritables bombes empoisonnées à retardement qui peuvent provoquer des nuisances mettant des vies en danger. La plupart du temps, cela se produit par l'intermédiaire du réseau des eaux souterraines. Il est inutile que les médias interviennent pour fustiger un dépôt d'ordures sauvage, si déjà dans le village voisin toutes les fontaines sont contaminées, et tous les gens qui ont bu de l'eau hospitalisés, le ventre douloureusement ballonné par les substances toxiques. Le constat n'est pas immédiat des méfaits occasionnés par les décharges d'ordures, c'est pourquoi ils sont dangereux.

Lorsque l'on remarque que les eaux souterraines sont empoisonnées, il est déjà trop tard. Pour l'avenir, des mesures de prévention s'imposent, mais il ne sera pas aisé de les faire appliquer. Par chance, la plupart des régions boisées ne sont pas facilement accessibles à partir des grandes villes. Ainsi gardons-nous au moins l'espoir que le volume des dépôts d'ordures restera limité et que ne se constitueront pas de gigantesques poubelles.

Vous nous avez parlé de l'incompréhension par rapport à la forêt. Mais que devrait-on savoir sur elle ?

L'essentiel serait de ressentir l'harmonie d'une forêt. Dans le cas des enfants, ce résultat est plus facile à obtenir par la voie de l'émotionnel que par l'intermédiaire d'un cours de biologie précis et rationnel. Tout le monde devrait savoir, à propos de la forêt, que l'ensemble des organismes vivants — animaux, plantes et bactéries — est en situation d'interdépendance dans une communauté de vie et que le système ne fonctionne qu'en état d'équilibre.

Nous avons évoqué ces mauvais contes où les forêts sont peuplées de méchants trolls. Mais il est des récits de bonne qualité. Karl Ewald a écrit un conte ravissant sur ce thème : des animaux et des plantes se querellent pour savoir qui est la forêt. Le hêtre dit : « Je suis la forêt. » Ensuite la mousse s'exclame : « Sans moi, tu n'existerais pas » ; elle en conclut qu'elle est indispensable et dit : « C'est moi la forêt ! » Les mérites de chacun des êtres vivants de la forêt sont ainsi joliment passés en revue. A la fin, le ver de terre s'écrit : « Je suis la forêt », puisque sans lui l'humus ne se formerait pas.

La morale de ce conte devrait être enseignée à tous, jeunes et vieux. L'entité forêt n'est pas constituée d'un seul organisme vivant, mais de l'interaction de multiples espèces animales et végétales. Je le répète, ces connaissances sont plus facilement assimilables par l'émotionnel, le sentiment, que par l'intelligence, car d'un point de vue écologique, il s'agit d'un mécanisme complexe, composé de rouages s'emboîtant les uns dans les autres. Un livre illustré sur la forêt, avec des photos de qualité, constitue un bon moyen de la faire connaître. Vous, Kurt Mündl, avez déjà publié ce type d'ouvrages, qui contribuent beaucoup à la conservation de notre nature. Il convient de s'adresser d'abord aux gens, au grand public ; ensuite seulement, un homme politique de bonne volonté aura le pouvoir de faire appliquer des mesures de protection de la nature.

Récapitulons : la nature « en vrai », les ouvrages avec des photographies de nature et le discours émotionnel font plus que l'apprentissage de l'écologie.

Malheureusement, une promenade en forêt, pour un homme qui a une longue vie derrière lui et qui possède des connaissances en écologie, est la chose la plus inquiétante qui soit, en raison du nombre d'arbres abattus qui ont modifié l'écologie de la forêt de façon essentielle. Je pense par exemple à la forêt proche d'ici, où mes jambes affaiblies pouvaient encore me porter il y a peu de temps. Là où d'épais tapis de mousse s'étendaient dans ma jeunesse, pousse maintenant de l'herbe, parce qu'il fait trop clair à cause des coupes d'arbres. Or nous savons bien que l'herbe ne retient pas autant l'eau que la mousse.

Les forêts encore intactes sont magnifiques. On y voit alors que la forêt et la végétation croissant au sol vivent en symbiose, que la mousse conserve l'humidité

Konrad et Gretl Lorenz avec des membres du Groupe de la jeunesse pour la protection de la nature, qui les aidèrent à aménager l'« étang aux grenouilles » dans leur jardin. A droite de Konrad Lorenz : le Dr Peter Weish.

A son bureau dans sa salle de travail.

Mme Gretl Lorenz apporte un « remontant » à son mari.

En compagnie de sa femme Gretl, regardant des photographies.

Konrad Lorenz montrant la lettre l'informant de sa nomination au prix Nobel.

Devant sa maison à Altenberg.

Devant un de ses aquariums d'eau douce.

Le train électrique qu'il a installé lui-même dans sa salle de travail.

Konrad Lorenz et sa femme arrivant au Symposium international Konrad-Lorenz (1983) à Vienne.

Konrad Lorenz et Gustav Krahmer au cours d'une excursion au lac Neusiedler.

Sur le Wilhelminenberg : Konrad Lorenz conversant avec le Pr Otto Kœnig.

Konrad Lorenz dans le jardin en automne.

Konrad Lorenz lors de la remise du prix Konrad-Lorenz 1984.

Konrad Lorenz et le Pr Otto Kœnig au cours d'une manifestation contre les centrales nucléaires (à gauche du Pr Kœnig, le Dr Alexander Erlach, l'assistant de Konrad Lorenz).

et qu'aux endroits où elle pousse, s'élèvent les hêtres les plus beaux et les plus hauts.

Comme je peux me référer à une longue période d'observation, je marche souvent avec un sentiment d'inquiétude et d'effroi dans ces forêts monocultivées que je ressens comme dénuées d'âme, comme une lourde imitation due à la main de l'homme.

Au regard d'une telle évolution, combien de temps encore verrons-nous des forêts naturelles ? Je ne sais pas. Personne ne peut le savoir. Il est impossible de faire une quelconque prévision en la matière ; comme Karl Popper nous l'a montré, même un ensemble de mécanismes prévisibles, dont on peut faire le calcul préalable, ne donne pas un résultat fiable en ce qui concerne quelque événement futur que ce soit.

L'idée que les sapins de Noël, par exemple, puissent un jour être en matière plastique, m'effraye (parce que je suis justement en train d'orner un magnifique arbre de Noël). Il m'arrive de penser qu'il est criminel de nos jours de couper un sapin de si grande taille. Les gens qui installent chez eux des arbres en pot, qu'ils replantent dans leur jardin après les fêtes, ont toute ma sympathie.

Remplacer la nature par quelque chose d'artificiel me semble particulièrement dangereux. Faire passer une ossature de plastique pour un sapin de Noël constitue une supercherie que je juge immorale vis-à-vis des enfants. On n'a pas le droit de mentir aux enfants sur ces choses. Il est pourtant possible qu'on interdise un jour de couper des pins et des sapins pour Noël, parce qu'ils seront en nombre insuffisant. Nous sommes très attachés aux traditions de notre jeunesse. Ce sentiment, chez moi, est d'autant plus marqué que je vis dans la maison de mon enfance. L'arbre de Noël est placé à un endroit traditionnel, et les décorations — un chameau et une pagode — qui l'ornent avaient été offertes dans son enfance à mon frère décédé il y a dix ans à l'âge de quatre-vingt-cinq ans. Avant de priver un individu de ses traditions, chose que l'on n'a pas le droit de faire, il faut regarder en soi-même à quelles traditions l'on tient. Je ne renoncerais sous aucun prétexte à mon arbre de Noël. J'espère ne jamais vivre une fête de Noël sans sapin...

L'Europe centrale sans forêt, serait-ce l'apocalypse ?

Selon toute vraisemblance, les massifs montagneux et les collines deviendraient des zones infertiles, caillouteuses. Rien ne dit que la terre demeurerait sur les sommets arrondis de la région viennoise, si la forêt disparaissait. La pluie s'écoulerait directement dans les cours d'eau, et ne resterait pas sur les hauteurs. Sur les sommets, la végétation sécherait et, après les averses, des flots boueux dévaleraient les pentes. J'observe déjà ici ce phénomène, dans notre village. Depuis que la mousse ne pousse plus en quantité suffisante dans la forêt, les débordements du ruisseau, consécutifs à des orages, sont bien plus importants. Il est impossible d'imaginer cè qui se produirait si le cycle de l'eau était perturbé.

Il faut savoir une chose : les déserts — tous les déserts — situés en bordure de contrées cultivées, s'étendent chaque année à un rythme effrayant. Ainsi en est-il au nord et au sud du Sahara, ou au Texas. Dans des zones où la culture du coton était possible il y a une quarantaine d'années — la moitié de la vie d'un homme —, le désert de sable avec ses dunes soufflées par le vent a pris le dessus. Tel serait probablement le sort de toute l'Europe si la forêt et la végétation qui retiennent l'eau venaient à disparaître.

On peut, sans exagération, affirmer la chose suivante : après la mort de la forêt, le désert s'installe. Ce phénomène s'observe dans toutes les zones karstiques : ainsi, dans les régions où les Vénitiens, autrefois, abattirent les forêts pour construire des navires. Les sommets des montagnes y paraissent verts ou gris, suivant l'angle sous lequel vous le regardez, parce que les tiges des herbes sont trop espacées les unes des autres ! L'exemple des régions karstiques et non karstiques situées sur la mer Adriatique et en Méditerranée, par exemple en Sardaigne, illustre, à titre expérimental, l'aspect pris par les zones où la forêt n'existe plus. Peu importe si elle disparaît en raison de l'abattage des arbres ou de l'acidité des pluies.

Un système beaucoup plus pauvre succède toujours à l'effondrement d'un système écologique donné. Là encore les régions karstiques nous en donnent la preuve. En effet le karst n'est pas mort. Des agaves et des figuiers de Barbarie y poussent, et des lézards courent sur les pierres. Un autre espace naturel de vie s'est constitué après celui de la forêt. Mais l'homme n'y trouve plus rien pour assurer sa subsistance.

L'exploitation par l'homme des régions karstiques se limite à l'élevage des moutons et des chèvres qui cheminent d'herbe en herbe et se contentent d'une pâture frugale. Mais la population de moutons survivant sur un kilomètre carré de terrain karstique est infime par rapport au nombre de moutons qui trouvent leur nourriture dans un pré traditionnel.

Encore une fois, je veux que les hommes comprennent la chose suivante : si la forêt disparaissait en

Europe, il s'ensuivrait un chômage total. Sur une zone d'où, actuellement, une centaine d'exploitants forestiers et d'agriculteurs tirent leur ressources, ne pourra plus vivre qu'une famille de bergers avec ses moutons.

La mort des écosystèmes aquatiques

La pollution de l'environnement est un des problèmes universels de notre époque. A l'Est comme à l'Ouest, le même consensus silencieux l'emporte, selon lequel l'homme aurait le droit de détruire des systèmes écologiques. Un exemple, valable dans le monde entier, est l'anéantissement des écosystèmes aquatiques.

Polluer l'eau à l'échelle mondiale revient à se suicider. Nous n'avons toujours pas pris conscience de ce que nous sommes en train de détériorer, de combler, d'empoisonner ou de détruire. La formule chimique de l'eau, H_2O, peut être produite par combustion d'hydrogène. Mais l'eau d'une rivière, d'un lac, etc., ne se compose pas uniquement d'H_2O, elle comprend de multiples éléments, un nombre infini d'organismes vivants très divers qui en tirent leur subsistance. Dans cette unité s'établit un équilibre entre espèces animales, végétales et bactéries, qui seul confère à l'eau sa qualité. Cet état, cet équilibre, ne peuvent être que trop facilement perturbés. H_2O n'apparaît pas spontanément dans la nature, mais se trouve uniquement dans les fleuves, rivières, etc., qui possèdent les caractéristiques d'un habitat naturel, d'une biocénose — composé de systèmes compliqués en interaction — fragile.

L'eau que nous buvons n'est pas de l'H_2O produite par réaction chimique, mais provient toujours des réserves d'eau naturelles ; nous devons faire en sorte que cette eau conserve son équilibre biologique, ne serait-ce justement que parce que notre survie en dépend.

Nous nous sommes malheureusement de nos jours bien trop souvent accoutumés à tirer notre eau potable des cloaques. Premièrement, ce procédé est dangereux, deuxièmement il est onéreux. C'est une erreur monumentale de croire que l'eau et l'air sont à notre disposition en quantité illimitée. Parmi les citadins, beaucoup le pensent ; ils sont persuadés, avec une confiance enviable ou critiquable, que toute chose peut être fabriquée. Ils croient que l'homme, à condition qu'il dispose d'assez d'argent, peut tout produire, y compris l'air et l'eau.

Cette illusion peut conduire facilement l'humanité à sa perte. Là encore, les personnalités puissantes de ce monde, hommes politiques et industriels, devraient s'efforcer de s'opposer à cette terrible catastrophe. Il faudrait un consensus au niveau mondial pour tenter de préserver les ressources intactes en eau (une grande partie est déjà presque irrémédiablement contaminée). Pour quelle raison ne le fait-on pas ? Que répondre, sinon entonner mon vieux refrain : ces hommes de pouvoir ou d'argent ne sont pas immoraux au point qu'il souhaitent voir un jour leurs enfants et leurs petits-enfants mourir de soif, mais ils ne croient pas à la réalité du danger de contamination irréversible de toutes les ressources en eau. De même qu'ils n'admettent pas les dangers de l'énergie atomique, de l'industrie chimique, de la mort des forêts, etc.

Pour l'homme, la réalité s'est déplacée : est devenu réel ce sur quoi il a une action, ce qui a une action sur lui et ce à quoi il a affaire tous les jours. Si bien que les responsables de notre environnement n'ont tout simplement pas conscience de l'imminence et de la gravité des dangers, ou alors ils n'y croient pas. En rompant l'équilibre biologique d'un écosystème aquatique, nous amorçons un processus difficilement réversible. L'équilibre se recrée progressivement, il est vrai, lorsque l'on cesse de polluer l'eau, de même que l'eau trouble d'un aquarium, dans lequel tous les poissons sont morts, retrouve après un certain temps sa pureté et son équilibre. Seulement, ce nouvel équilibre n'est pas ce qu'il était auparavant : il est beaucoup plus pauvre et moins stable, alors que les espèces qui composent ce nouveau milieu sont plus résistantes. Un écosystème — un lac, une rivière, etc., sont des écosystèmes — est d'autant plus stable qu'un plus grand nombre d'espèces en fait partie. Nous devons faire prendre conscience à l'opinion publique de l'irréversibilité de la pollution des eaux. Il n'est plus possible de rétablir complètement la qualité d'une eau (constituant un système vivant composé d'un grand nombre d'espèces) dont nous avons provoqué la mort.

La biocénose s'appauvrit ainsi de plus en plus ; ceux qui croient que seul l'homme ne serait pas atteint par ce phénomène et qu'il pourrait survivre alors que tous les autres êtres vivants meurent, sont dans l'erreur. En ce sens, la mise à mort d'un fleuve, ou d'une partie d'un fleuve, ou d'un lac, est un pas en avant vers le suicide de l'humanité.

J'ai dit précédemment quel processus provoque la

mort d'un cours d'eau, d'un lac ou d'une mer, montrant que ces écosystèmes sont mortels, ce que beaucoup de gens n'admettent pas. Un écosystème aquatique pourrait donc mourir comme nous autres humains ? La réponse est claire : c'est *oui*. Ils meurent par une succession de catastrophes. Les poissons sont touchés les premiers. En tant qu'animaux très évolués, respirant dans l'eau, ils sont particulièrement sensibles aux substances toxiques. Lorsque les usines chimiques Krems recrachent leurs poisons en période de basses eaux, en plein été, beaucoup de poissons appartenant à certaines espèces particulièrement fragiles meurent. Et, de même que les pluies acides causent les dégâts les plus importants parmi les grands arbres, ce sont les gros poissons, surtout les femelles, qui sont touchés.

A l'époque où je me rendais encore régulièrement au bord du Danube, le fleuve, tout près de chez moi, était à peu près intact, il n'avait pas encore été saccagé par le barrage de Greifenstein. Depuis j'évite d'y aller pour des motifs égoïstes : cela me déprime trop. Pourtant, à cette époque, les usines Krems faisaient déjà mourir les premiers poissons, principalement des bars. La proportion d'individus d'une espèce par rapport à une autre se modifie sous l'effet des substances toxiques contenues dans l'eau : certaines espèces disparaissent totalement ou sont remplacées par d'autres, plus résistantes. Ainsi, dans la région du Danube, avant même la construction du barrage, j'ai moi-même observé qu'un gobiidé [1] remonté de la partie inférieure du Danube a progressivement pris la place du chabot *(cottus gobio)* à cause de la pollution de l'eau. Les types d'adaptation de ces deux espèces sont tout à fait analogues : le gobiidé vit au

1. Poisson prédateur. *(N.d.T.)*

fond, il a une vessie natatoire réduite, c'est un poisson plus lourd que l'eau dont les nageoires mal constituées servent d'appui. Cette espèce a vraisemblablement noyauté peu à peu le *cottus gobio,* parce que la qualité de l'eau s'était modifiée. Toujours est-il que j'ai constaté un jour que les poissons lovés sous les pierres n'étaient plus des *cottus gobio,* mais les nouveaux venus. Même pour un spécialiste, il n'est pas si facile de remarquer de telles modifications. Des espèces disparaissent de la sorte, alors que d'autres espèces surgissent : cela traduit une modification très nette de l'équilibre initial.

Les espèces vivant dans les couches supérieures du fleuve, où l'eau circule plus vite, sont celles qui dépérissent et disparaissent le plus rapidement. Il s'agit de poissons à qui une grande quantité d'oxygène est nécessaire.

Dans une eau qui meurt, les espèces disparaissent progressivement. La variété des espèces diminue, alors que le nombre d'individus augmente souvent fortement. Par exemple, l'eutrophisation des eaux provoque la multiplication rapide des *dreissena polymorpha,* que l'on dénombre alors en quantités énormes. Or l'équilibre d'une population en surnombre peut se rompre brutalement. Ce phénomène a été observé dans le lac de Constance : du côté suisse, au sud du lac, on observe une prolifération exagérée de *dreissena polymorpha*. J'ai pu constater moi-même qu'en période de basses eaux à Rorschach (côté sud du lac), une puanteur effroyable s'élevait des bancs de dreissena mourantes. Une telle catastrophe partielle, se traduisant par la prolifération de l'espèce, puis par sa ruine, provoque aussi la perte de multiples autres organismes vivants.

On peut démontrer scientifiquement qu'un écosystème doit être constitué d'au moins trois composantes :

animaux, plantes et bactéries. Plantes et animaux vivent en symbiose, car les plantes produisent de l'oxygène que les animaux respirent et qu'ils restituent aux plantes sous forme de dioxyde de carbone ; à partir du dioxyde de carbone, les plantes fabriquent par photosynthèse des glucides utilisables par les animaux. Les bactéries constituent le troisième élément de cette association : les animaux et les plantes ne vivent pas éternellement, ils meurent, pourrissent et se décomposent en leurs différents éléments constituants. Ce sont les bactéries qui accomplissent ce processus. Nous savons que les plantes élaborent des matières organiques à partir d'éléments non organiques : il s'agit de l'assimilation chlorophyllienne. L'action préalable des bactéries est cependant nécessaire : elles « décomposent » les matières mortes avant que ces substances soient réutilisées par les plantes vertes.

Si une seule composante de cette trilogie (animaux, plantes, bactéries) vient à manquer, la vie est détruite. Cela se produit dans des cas extrêmes où la composante animale ou végétale ne résiste plus à des conditions de vie fortement modifiées, et meurt. Il s'ensuit une grande puanteur due aux bactéries, puis *c'est la fin*. On sait quelle clarté mortelle, proverbiale, caractérise ensuite ces eaux sans vie, qui peuvent être très belles. Dans certaines gravières, l'eau est totalement morte à la suite d'un empoisonnement ; elle semble très pure, et elle est si claire que l'on voit le fond. Et l'on s'exclame : « Quelle eau merveilleuse ! » En réalité, d'un point de vue biologique, il s'agit d'un cadavre, parce que, soit les trois éléments, animaux, plantes, bactéries ne forment pas un ensemble équilibré, soit il manque l'un de ces éléments.

Voilà donc exposé, de façon abrégée, comment un

écosystème aquatique meurt peu à peu. Dans cette structure complexe, la perte d'une seule espèce est déjà très grave. Un économiste autrichien renommé affirme que nous pouvons nous passer de crapauds. Mais nous ne pouvons nous passer d'aucune espèce ! Chaque fois qu'une espèce animale ou végétale disparaît, la stabilité de l'écosystème diminue, et un pas en avant est fait vers la mort de notre espace naturel de vie, mort à laquelle l'homme lui-même, membre et partie de cet espace, ne peut se soustraire.

Quels tristes exemples nous sont donnés par le Danube et le Rhin, qui sont à l'agonie ! L'eau des deux fleuves est menacée d'une mort prochaine. On en a déjà beaucoup parlé dans les journaux et je voudrais seulement rapporter mes expériences personnelles : je connais bien un affluent du Rhin qui s'appelle le Neckar. Mon fils et mes petits-enfants ont vécu des années non loin de cette rivière. A une époque, les détergents, qui réduisent la tension superficielle de l'eau, polluaient tellement le Neckar que des montagnes de mousse de plusieurs mètres se constituaient devant les digues construites en travers de la rivière, près des écluses et des petites chutes d'eau. Au cours d'une promenade le long du Neckar à Heidelberg, où, atterrés, nous contemplions ces amas de mousse, nous avons découvert une écrevisse sur la berge, hors de l'eau. Elle était sortie de l'eau trop polluée ! Cet animal aquatique avait préféré se hisser sur la rive ! Nous l'avons emporté à la maison, et mon petit-fils Bertram, amateur d'aquarium, s'en est occupé des années. Elle vivait dans un aquarium rempli d'eau du robinet, d'une qualité supérieure à celle du Neckar. L'animal ne présentait aucune déficience. Ce n'était pas lui qui était malade, mais le Neckar !

Au moyen d'un aquarium, nous pouvons apprendre à un enfant par quel processus un écosystème aquatique meurt. Un aquarium constitue un milieu naturel qui s'auto-entretient, et dans lequel s'établit un bel équilibre entre animaux, plantes et bactéries. L'ensemble ne peut pas fonctionner sans mécanismes régulateurs : si l'aquarium abrite trois poissons, il faut les nourrir, il faut ensuite compenser l'atteinte faite de cette façon à l'autonomie de ce petit écosystème en changeant l'eau. C'est une excellente façon d'apprendre les conditions nécessaires à la survie d'un écosystème aquatique.

En ce qui concerne la pollution des rivières importantes par les produits chimiques, l'homme a réalisé depuis relativement peu de temps qu'il ne pouvait pas rejeter tous les produits issus de l'industrie papetière dans les rivières sans provoquer leur mort.

Au Moyen Age, les saumons remontaient le Rhin jusqu'à Bâle, jusqu'à sa source. Ce poisson était si commun qu'une loi interdisait d'en proposer plus de deux fois par semaine aux ouvriers et aux employés travaillant dans les grands domaines. Aujourd'hui ce poisson est un des mets raffinés les plus coûteux qui soient. Cette anecdote permet de comprendre l'importance de la modification subie par la faune des fleuves d'Europe centrale. Et jamais il n'a été si gravement porté atteinte à l'écologie des cours d'eau qu'au XXe siècle, jamais cette écologie n'a été si profondément modifiée. Malheureusement, nous avons besoin d'un très long laps de temps, dans notre société telle qu'elle est organisée, pour tirer un enseignement de nos erreurs et faire preuve de discernement. Mais la nature n'a pas autant de temps, elle réagit très vite et très fort aux changements, l'état du Danube et du Rhin nous le montre bien.

Les bras morts qui communiquent avec le fleuve ou la rivière font également partie de l'écosystème constitué par ce fleuve ou cette rivière. De nombreuses espèces de poissons y frayent. De plus, dans la rivière même, où le courant est fort, il pousse très peu de plantes, et la fonction indispensable qui revient aux plantes dans l'écosystème d'une rivière est accomplie essentiellement dans les bras morts. Il n'y a, paraît-il, plus guère que deux pour cent des bras morts du Danube qui communiquent encore avec le fleuve. En d'autres termes, les mesures de régulation prises en faveur de la navigation fluviale créent une barrière entre les bras morts et le fleuve, privant les poissons de leurs eaux de frai favorites, et l'eau du fleuve de l'action des plantes ; or la photosynthèse réalisée dans les bras morts est considérable et essentielle pour le fonctionnement de la totalité de l'écosystème.

Au cours de la régularisation d'un fleuve, la coupure créée entre les bras morts et le fleuve suffit à faire baisser le niveau des eaux souterraines, le fleuve étant amené à creuser plus profondément son lit. Lorsqu'en plus les rives du fleuve sont consolidées avec des matériaux étanches, les conséquences sont dramatiques pour le niveau des eaux souterraines. Dans le cas du Rhin, on assiste à une catastrophe dont l'ampleur est déjà considérable. Les industries se battent pour faire valoir leur droit, et les groupements dont l'intérêt serait que le fleuve, longé de prairies asséchées, soit régularisé, ont en main un pouvoir financier bien supérieur à celui des chasseurs et des pêcheurs qui préféreraient que les prairies soient traversées de bras morts emplis d'eau.

La canalisation d'eaux courantes dans des cercueils de béton est l'une des inventions les plus affligeantes en matière de profanation et de destruction de paysages naturels. C'est une conséquence dramatique de la pensée erronée de certains ingénieurs, urbanistes, et également propriétaires terriens tout à fait ordinaires.

Je me souviens, sans grand plaisir, d'une conversation que j'avais eue avec des forcenés de la structure fluviale rectiligne. Il s'agissait de rectifier le cours d'un petit ruisseau en le canalisant. Ces travaux auraient eu pour conséquence la baisse du niveau des eaux souterraines, et la qualité des prairies adjacentes n'en aurait pas été améliorée, au contraire. Nous avions demandé à l'instigateur du projet les raisons de son entreprise. L'homme avait avancé différents arguments que nous, de notre côté, pouvions appréhender d'un point de vue écologique et biologique et donc réfuter aussitôt. Après l'avoir interrogé, nous n'avions toujours pas compris ce qui empêchait de laisser le ruisseau en l'état où il se trouvait. Finalement, le malheureux, à bout d'arguments, avait dit : « Mais un ruisseau qui coule dans une rigole en béton bien droite est *beaucoup plus beau* qu'un ruisseau qui serpente. » Voilà un homme dont le cas est désespéré ! Le découragement vous saisit en entendant de tels propos !

La consolidation des rives au moyen de matériaux étanches induit la mort des eaux courantes puisqu'elles ne communiquent plus avec les eaux dormantes, les petites mares et les zones marécageuses proches de la berge, alors que cette liaison est fondamentale pour le fonctionnement d'un écosystème aquatique. Mais la créativité de l'homme ne connaît pas de limites quand il s'agit de mal faire ! Il peut commettre encore pire crime que de bétonner et de rectifier l'alignement du lit d'un cours d'eau car, à tout prendre, il vaut mieux bétonner les berges d'un ruisseau que le faire passer dans des tuyaux afin qu'il coule sous terre. C'est un procédé auquel on a également volontiers recours. Il prélude naturellement à la fin inéluctable du cours d'eau. Lorsqu'on réalise combien les avantages de la technicisation des cours d'eau sont minimes, et combien les pertes pour l'environnement sont colossales, on s'arrache les cheveux devant la sidérante bêtise collective de l'humanité ! Dans une certaine mesure, on tourne en rond lorsqu'on aborde le thème de la destruction des réserves d'eau naturelles. Quelles justifications trouver à toutes ces canalisations, à ces mises en tuyaux, hormis des considérations esthétiques dévoyées ? Une seule : l'utilisation des espaces proches du cours d'eau. Et nous voilà à nouveau amenés à parler des abords marécageux de la rivière. Le danger des barrages, et autres atteintes aux cours d'eau, est que personne n'a intérêt à alimenter suffisamment en eau les aulnaies séparées de la rivière par des travaux de consolidation des rives, à l'exception des amis de la nature qui savent l'importance d'un biotope intact pour l'environnement, proche ou éloigné de la rivière.

La plupart des riverains, agriculteurs et industriels, souhaitent que les abords soient asséchés. C'est d'ailleurs déjà le cas des abords du Danube, qui sont devenus beaucoup plus secs au cours de la durée de ma vie. La régulation du fleuve entreprise vers 1870 a suffi pour que l'ensablement des bras morts augmente dans des proportions telles que, encore navigables avec un niveau d'eau moyen à l'époque où ma femme et moi, pendant mes études, allions régulièrement de Greifenstein à Muckendorf, ils ne le sont plus actuellement. Les renfoncements creusés par la rivière, où il y avait dans ma jeunesse assez d'eau pour que l'on puisse faire du canoë, sont aujourd'hui complètement asséchés et envahis par la végétation. Nous appelions ces renfoncements des « oueds », parce qu'à l'époque, déjà, ils n'étaient plus alimentés en eau pendant les longues périodes de sécheresse. De nos jours, les broussailles ont tellement poussé que les « oueds » d'autrefois sont difficilement repérables.

Deux sources artésiennes alimentent la réserve de poissons de Wörden où réapparaît l'eau du fleuve. Je suis curieux de savoir comment ces sources réagiront lorsque le niveau de l'eau sera plus haut. J'espère qu'elles seront activées, mais tout dépend de la provenance de l'eau. Sinon, c'est la sécheresse dévastatrice, la quasi-désertification, qui intervient à la suite de la consolidation des berges. Il existe toutefois des secteurs d'un grand intérêt, qui, même dans leur état d'origine, présentent des promontoires secs. Il est étonnant de voir pousser sur ces hauteurs des pins et des argousiers dans cette zone proche du Danube. On prévoit que ces terrains secs de l'aulnaie, qui occupent une surface limitée, vont s'étendre ; au fond, ce serait au moins quelque chose de naturel, mais l'aulnaie perdrait ce qui fait sa spécificité. Il serait souhaitable que l'on conserve au moins quelques îlots intacts, par exemple sur la rive gauche, en amont du barrage de Greifenstein, où poussent encore des aulnaies magnifiques. Mais il n'est pas bon non plus que ces zones soient trop réduites et ponctuelles pour la raison majeure que la variété des espèces diminue en proportion de la taille de l'espace. Le phénomène de l'assèchement pourrait être contrecarré, au moins localement. Ceux qui s'ocupent de la protection de la nature en Autriche se devraient de maintenir les zones proches des rivières à un niveau d'humidité suffisant, grâce à une dotation importante, déterminée par la loi. Cette solution devrait être réalisable.

Faire reconnaître la raison d'être des prairies marécageuses est plus difficile, car les intérêts de l'agriculture et de l'économie prédominent. Il est difficile de convaincre un agriculteur de ne pas assécher un pré humide parce que des cigognes, au printemps et en été, y cherchent leur nourriture et celle de leurs petits, ou bien parce que le vaneau a besoin d'un lieu approprié pour nidifier. Il faut moins en tenir rigueur au paysan qui s'efforce de transformer son bien en terres cultivables pour y faire pousser du blé, qu'à l'industrie chimique qui ouvre les portes d'une usine précisément sur ce pré humide, jugé sans valeur.

Du moins l'agriculteur connaît-il encore bien les phénomènes naturels qui se succèdent tout au long de l'année. Il sait à quel moment il doit semer, labourer ou faire les récoltes. Il sait également qu'il doit donner quelque chose en retour à la nature lorsqu'il n'a fait que prendre, des années durant. Il ne comprend pas que l'on souhaite conserver un terrain sans intérêt agricole, une prairie humide. Du moins, dans ce cas précis, existe-t-il un lien direct entre l'action et le profit tiré. Mais lorsqu'un maire fait procéder à l'assèchement d'une prairie humide où fleurissent des orchidées des champs, des orchis, dans le but d'y installer une décharge d'ordures ou un court de tennis, on assiste selon moi à un véritable crime. Le Danube et le Rhin sont déjà presque morts. C'est peut-être encore plus vrai pour le Rhin ; le cas du Danube n'est pas tout à fait aussi dramatique. En effet, par endroits, son cours n'a pas été modifié et il faut à tout prix préserver ces secteurs intacts, parce qu'ils abritent une faune particulière. Les retenues d'eau par contre, où il n'y a plus aucune circulation d'eau, ont une flore et une faune étonnamment pauvres. La profondeur d'eau est telle et les rives sont si abruptes que seule une végétation très réduite pousse au fond. En amont des barrages, on trouve également très peu de végétation. Une végétation et une faune adaptées aux eaux calmes s'étendent peu à peu, mais elles mettent des années avant d'apparaître.

La retenue d'eau elle-même ne renferme pas beaucoup de vie. Certes, on y voit de nombreux canards, parce que les canards préfèrent les eaux calmes, et il y a même souvent des cygnes ; tout cela paraît naturel, mais en réalité l'eau, en amont du barrage, est appauvrie d'un point de vue biologique et écologique, surtout lorsqu'il s'agit de retenues d'eau situées sur des rivières peu importantes et dont le niveau d'eau varie périodiquement. Lorsque l'amplitude de la variation est trop forte, la végétation qui prolifère habituellement sur les bords ne peut pas se constituer : la zone bourbeuse indispensable à la vie de toutes sortes d'espèces animales et végétales disparaît. La retenue d'eau d'Enns, où le Pr Koenig a aménaé un institut d'écologie, pâtit énormément de la variation du niveau d'eau.

Il ne faut pas oublier que le phénomène des marées n'existe pas en eau douce. Les organismes vivants d'eau douce ne sont pas adaptés aux marées et ne peuvent pas résister à une alternance constante de flux et de reflux de l'eau, situation provoquée artificiellement dans certaines retenues d'eau.

Si nous analysons le degré de pollution des deux fleuves, le sort du Rhin se révèle beaucoup plus préoccupant que celui du Danube. Sur le Rhin, on trouve dès la ville de Bâle de grandes industries qui déversent des déchets à l'effet désastreux, alors que des industries similaires ne sont implantées sur le Danube qu'à partir de Linz. En ce qui concerne le Danube, il est encore temps de sauver certaines choses, dans le fleuve même, ou aux abords. En résumé, disons que le Rhin est mort et le Danube à l'agonie.

L'état désolant des mares et des étangs apparaît encore plus dramatique que celui des rivières et des fleuves. Il suffit qu'un automobiliste jette dans l'eau une batterie usagée pour anéantir un étang qui, pendant des dizaines d'années, voire des siècles, avait constitué le lieu de frai de crapauds et de grenouilles, dont on pouvait apprécier printemps après printemps les merveilleux concerts.

Ceux qui ont été en contact avec la nature dans leur jeunesse regrettent les concerts de grenouilles, et ceux, magnifiques, si mélodieux, des crapauds, après chaque débordement du Danube. Il serait possible de venir en aide à ces animaux pour éviter à leurs populations de diminuer jusqu'à l'extinction totale des espèces. Nous aurions là l'occasion de proposer cette « nature de seconde main » dont parle Otto Koenig. Il suffirait de créer quelques mares artificielles pour la reproduction et nous éviterions que disparaissent ces espèces dans les régions touchées. Aujourd'hui encore, rien ne me passionne plus que d'aménager une petite mare artificielle.

Naturellement ces actions n'ont de sens que si on parvient à éduquer le grand public, c'est-à-dire si on obtient qu'aucune saleté ne soit déversée dans ces mares nouvellement constituées, et surtout pas des batteries de voiture ! On ne peut trouver objet plus toxique pour un si petit écosystème aquatique, à cause des acides et des métaux lourds qui s'en dégagent. Dans la plupart des cas, une mare qui doit engloutir une batterie de voiture est condamnée, parce qu'elle est souvent alimentée en eau par la nappe phréatique et non par l'eau courante d'un ruisseau. Le renouvellement de l'eau se produit beaucoup trop lentement pour que la mare puisse se régénérer. Nous pouvons appliquer aux mares un principe valable pour les aquariums : plus le volume d'un écosystème aquatique est faible, plus il est difficile d'y maintenir un équilibre. Certaines mares en forêt ne font que quelques mètres carrés et sont cependant indispensables à la survie d'une communauté complexe. Les ordures indésirables jetées dans les mares et les étangs sont les premiers responsables de leur état désolant de dégradation. Le second responsable est le comblement. Les mares ne sont guère appréciées, parce qu'elles occupent un emplacement sur lequel on pourrait cultiver des légumes, et parce que les moustiques y pullulent. Il y a quelques années encore, il était courant de déverser du pétrole dans les mares pour éliminer toutes les larves de moustique : une mince pellicule recouvrant uniformément toute la surface de l'eau, les organes respiratoires des larves ne réussissaient pas à aspirer l'air extérieur. En effet, ces larves ne respirent pas par des branchies sous l'eau, mais doivent prendre l'air qui leur est nécessaire à l'extérieur de l'eau. Ainsi mouraient les larves.

Mais tous les « ennemis » naturels des moustiques vivant dans la mare ou à proximité, c'est-à-dire tous les organismes vivants pour lesquels les moustiques servaient de nourriture, étaient également anéantis : les salamandres, les larves de libellules, les punaises d'eau (*nepidés*). Or les moustiques sont les premiers à revenir coloniser ces mares appauvries ! Ce sont eux qui volent le plus efficacement et ils sont de retour avant les autres. Pratiquement, les moustiques se spécialisent dans la colonisation de mares qui contiennent peu d'organismes vivants. Des larves de moustiques peuvent se développer à merveille dans de simples ornières remplies d'eau, creusées par un camion sur un chemin argileux, à condition que l'eau ne s'évapore pas trop rapidement. Seuls leurs « ennemis » naturels, qui ne se reproduisent ni en si grand nombre ni si rapidement, sont éliminés pour longtemps. Résultat : les moustiques reviennent, plus nombreux qu'avant l'intervention stupide de l'homme dans le cycle naturel, sans qu'il ait réfléchi aux conséquences de son acte. Ce constat est désolant, et nous pourrions faire les mêmes remarques à propos d'autres interventions humaines aux effets catastrophiques.

Les mares où je me procurais de quoi nourrir les animaux d'aquarium dans ma jeunesse (et jusqu'à il y a peu de temps, aussi longtemps que je me suis déplacé facilement) ont toutes été anéanties par les carcasses de voitures ou par d'autres objets toxiques.

Il est paru récemment un très bon livre intitulé *Sauvez les grenouilles,* de Thiekcke, Herrn, Hutter et Schreiber. Je suis fier d'avoir pris des mesures, d'ailleurs fort coûteuses, en faveur des grenouilles avant même d'avoir reçu ce livre. J'avais entrepris la réalisation d'un bassin à l'eau non filtrée, où des rainettes déposèrent leur frai. Mais mon initiative se révéla moins satisfaisante que je ne l'avais espéré : tous les œufs ne se transformèrent pas en têtards et, parmi eux, très peu se métamorphosèrent complètement. Pour obtenir un meilleur résultat, j'installai à grands frais en bas du jardin un grand étang, au moyen de feuilles de plastique, pour servir de lieu de frai aux grenouilles. Non seulement c'est utile pour les grenouilles, mais en outre cela me procure le plaisir d'entendre leur concert dans mon jardin ! La rainette, *hyla arborea*, a une durée de vie très longue, comme la plupart des batraciens. C'est pourquoi on entend parfois chanter une grenouille dans des régions où pourtant, depuis six ou sept ans, plus une grenouille nouvelle n'a pu se développer, les mares et les étangs ayant été pollués ou comblés.

Les personnes qui aménagent un étang pour les grenouilles — entreprise combien louable — peuvent aussi tenter d'y déposer du frai de grenouilles ou des têtards. Mais cela n'a de sens que si des arbres, des buissons et une prairie à l'état sauvage croissent tout autour de l'étang afin que les grenouilles adultes puissent également trouver de quoi se nourrir. Avant de réaliser un tel projet, il serait bon de se mettre en rapport avec des organisations de protection de la nature et de discuter avec des spécialistes, car, suivant les pays, les larves de grenouilles et les têtards sont également protégés (et pas seulement les grenouilles achevées). Une personne peu avertie peut avoir une action plus nuisible qu'utile, comme cela se produit pour les animaux nourris artificiellement en hiver : les oiseaux qui meurent par amour excessif des animaux, en raison de la nourriture mal adaptée qu'on leur donne, sont plus nombreux que ceux qui périraient au cours d'un hiver normal, sans période de froid extrême. Une bonne méthode consiste à attendre que les grenouilles viennent d'elles-mêmes et choisissent l'étang aménagé pour frayer, une autre à placer soi-même des œufs fécondés, ce qui n'est pas sans risques du point de vue de la protection de la nature. Il n'est pas possible de déposer des grenouilles adultes près du nouvel étang : elles retournent là où elles frayaient auparavant. Elles doivent s'y rendre de leur plein gré !

Ma piscine toute simple, achetée dans le commerce,

me donne énormément de joie. Outre les expériences faites avec des œufs fécondés de grenouilles, j'y ai acclimaté deux espèces de libellule, dont les larves ont éclos, et dont la métamorphose complète s'est réalisée. Mais ça n'a pas été sans difficultés, car des libellules qui éclosent ont besoin d'une échelle, d'une tige de roseau par exemple : la larve de libellule rampe d'abord hors de l'eau, et ensuite seulement l'insecte entier, capable de voler, éclot. Dans un bassin, il n'y a guère de possibilités de s'accrocher à une tige pour grimper. Pour l'année prochaine, j'ai aménagé un étang de seize mètres de diamètre avec des abords plats et des plantes des marécages, et les problèmes que j'ai évoqués ne se poseront plus. L'étang a été terminé à l'automne et nous ne pourrons le remplir d'eau qu'au printemps prochain. Mais j'espère que des libellules et peut-être aussi des rainettes s'y acclimateront dès la première année. Excepté ce nouvel étang, tous ceux qui sont situés dans un rayon de cinquante kilomètres autour de chez moi, à Altenberg, sont anéantis. On pouvait autrefois y attraper des daphnies ou d'autres organismes pour nourrir les poissons. Quelques nouveaux étangs du Danube se sont constitués lorsque l'eau du barrage a débordé et ils pourraient éventuellement être colonisés par des organismes vivants. C'est surtout une question de temps.

Les fleuves, les lacs, les rivières, etc., tous ces écosystèmes étroitement liés au cycle de l'eau, qui subissent l'influence de l'homme et que l'homme peut aussi détruire, sont exposés à une multitude de dangers. Il n'est pas facile d'identifier le responsable de tel ou tel préjudice. L'hôtellerie peut être par exemple à l'origine de l'état désolant de certains lacs. Le lac de Millstätter a été sauvé *in extremis* par un canal construit tout autour.

J'ai vu jadis le lac de Zürich dans un état lamentable, et il est aujourd'hui à nouveau satisfaisant, les Suisses ayant des chercheurs en écologie très compétents : des oiseaux aquatiques peuvent à nouveau vivre sur le lac, ce qui est un indice de la bonne qualité de l'eau.

Dans les lacs à l'intérieur des terres, les premiers producteurs de nuisances sont les hôtels et les riverains qui polluent par leurs eaux usées. Pour les cours d'eau, l'industrie en est le premier pollueur. Une fabrique de papier peut causer d'énormes dégâts, de même que toutes les industries qui évacuent leurs déchets chimiques dans une rivière ou dans un fleuve. Ainsi, plusieurs agents pollueurs d'origine humaine agissent simultanément. Il ne suffit pas de se lamenter, encore faut-il énoncer les mesures à prendre, susceptibles d'empêcher ces dégâts. Un canal construit autour du lac constitue une excellente solution. Mais il ne faut pas oublier que l'eau s'écoulant dans un canal de ce type, si elle ne pollue plus en effet directement le lac, ne va pas disparaître sans laisser de traces. Lorsqu'il n'est pas complété par une station d'épuration des eaux, un canal autour du lac ne présente pas d'intérêt.

Si j'étais amené à faire une prévision — encore que je me méfie des prévisions —, je dirais ceci : l'état de l'eau empirera encore considérablement avant qu'une amélioration n'intervienne. Le processus inverse s'amorcera inévitablement un jour, car l'humanité, sinon, est *foutue*. Il est difficile de déterminer le moment où le virage se produira. Dans certains cas nous pouvons être offensifs et réhabiliter pour sauver, au lieu d'adopter des mesures défensives pour stopper la progression du mal, bien qu'il soit évidemment toujours souhaitable de préserver l'état d'origine. Parfois la mise en place de conditions naturelles offre de grandes possibilités. J'ai récemment lu dans un journal américain un reportage sur le sauvetage de l'Hudson. Ce fleuve était tellement sale, tellement pollué qu'un jour il prit feu ! Bien entendu, le fleuve lui-même n'a pas brûlé, mais uniquement la surface de l'eau complètement souillée par des résidus de pétrole. Les Américains sont alors intervenus. En fait de dégradation de l'environnement, ils sont bien les plus grands pécheurs, mais ils sont également toujours les premiers à prendre des mesures de lutte antipollution. Encore que ce compliment soit peut-être un peu hâtif, depuis l'ère Reagan... Toujours est-il qu'après les prescriptions d'urgence pour la protection du fleuve, après les dispositions fixées par la loi pour assurer la propreté de l'Hudson, le fleuve est dans un état presque correct, et des poissons de mer viennent à nouveau y frayer. Les esturgeons énormes pêchés tout près d'Albany — ils ne peuvent remonter plus haut à cause d'une chute d'eau — l'attestent.

Comme en témoignent cet exemple et celui du lac de Millstätter, on peut réparer, en partie, les dégâts. Je le répète, *en partie* seulement.

En ce qui concerne la mer, les choses sont tout à fait différentes. Il faut là que je me fasse vraiment entendre et que j'alerte l'opinion de toute urgence. Non parce que j'étudie moi-même les animaux marins, mais parce que cet avertissement concerne l'humanité entière : on ne peut pas réparer les mers. Une mer détruite l'est définitivement, parce que les espèces qui l'habitent meurent. Or une espèce qui a disparu un jour ne peut pas être reproduite.

J'ai pu observer dans la mer les terribles dégâts provoqués par les engrais. Les organismes vivant dans la mer possèdent une capacité d'adaptation inférieure à celle des organismes d'eau douce. A Hawaii par exemple, lorsque de violentes averses surviennent peu de temps après que les champs de betteraves à sucre ont été fertilisés, lessivant les sols et déversant l'engrais dans la mer, tout peut arriver : des marées rouges *(red tide)* peuvent par exemple se former. A l'origine de ce phénomène, il y a la prolifération instantanée de myriades de flagellés qui retirent tant d'oxygène de l'eau qu'ils provoquent la mort d'organismes ayant également besoin d'oxygène. Ainsi meurent, jusqu'en pleine mer, des récifs entiers sur lesquels des coraux poussaient encore un an auparavant. Les récifs morts sont envahis d'algues vertes toxiques : le poison contenu dans les produits pulvérisés sur les betteraves à sucre a été fixé dans les algues vertes. Certaines espèces de poissons qui se nourrissent de plantes avalent ces algues et stockent la substance nocive dans leur corps. A leur tour, les prédateurs de ces poissons amateurs de plantes fixent le poison. Leur toxicité devient alors si importante que leur consommation peut être mortelle. Ainsi le barracuda (*sphyraena barracuda*) est considéré comme toxique sur certaines côtes, à Hawaii, alors qu'en Floride, où il n'y a pas de champs traités à proximité directe de la mer, pas de grandes exploitations agricoles, on peut le consommer sans problèmes.

Ces remarques m'amènent à conclure que le pétrole est un élément polluant moins nocif que la plupart des détergents. J'ai connu des cas où du pétrole avait débordé sur des aquariums d'eau de mer sans provoquer le moindre dégât. Nous l'avons absorbé avec du papier buvard et l'équilibre biologique des aquariums n'a pas été modifié. Naturellement, cette expérience ne peut être comparée à une marée noire, lorsque le pétrole s'étend sur des kilomètres carrés à la surface de la mer. Et pourtant, si un grand nombre de personnes se lavaient dans la mer, le savon serait plus dangereux pour les organismes vivants que le pétrole. D'après les expériences que j'ai pu réaliser avec des aquariums d'eau de mer, une marée noire est temporairement catastrophique pour les oiseaux de mer et tous les animaux qui, comme les phoques, doivent émerger pour respirer hors de l'eau. Mais pour les organismes aquatiques, le pétrole est un moindre mal — il est non pas inoffensif, mais moins nocif que d'autres poisons.

Alors que le sauvetage des cours d'eau et des lacs s'avère en partie possible (*cf.* le lac de Millstätter, lac de Zurich, l'Hudson), nous devons sonner l'alarme en ce qui concerne la pollution des mers, car il est beaucoup plus difficile, voire impossible, de reconstituer leurs eaux. Le sauvetage de la mer Baltique par exemple, contaminée par les métaux lourds, prendra beaucoup de temps, et peut échouer.

Les quelques réparations réalisées jusqu'à maintenant justifient un certain optimisme. Mais comment être sûr que toutes les tentatives de sauvetage interviendront à temps, avant le point de non-retour, point au-delà duquel un renversement de la situation ne sera plus possible ? Certains y croient, et moi-même j'espère encore. Voilà pourquoi, encore une fois, je lance mon cri d'alarme : ce point-limite est atteint beaucoup plus rapidement dans la mer qu'en eau douce. Dans le cas du lac de Zurich, la circulation de l'eau (le volume d'eau qui entre dans le lac et celui qui en sort) est tellement importante qu'il suffit d'épurer le flot qui arrive et, en quelques années, l'ordre est de nouveau à peu près rétabli. Mais cette solution d'une relative facilité ne s'applique pas au cas spécifique de la mer. Je ne prononcerais pas un tel plaidoyer en faveur des systèmes aquatiques marins si je n'étais pas bien au fait en la matière, mieux que le zoologue moyen. Je sais combien les eaux de mer, et tous les organismes qui y vivent, sont fragiles. J'ai très peur que l'océan tout entier périsse d'un seul coup. Il est d'ailleurs déjà mort par endroits.

La Méditerranée se trouve à la limite, sa mort ne tient qu'à un fil. Par chance, certains facteurs futiles peuvent être d'un grand secours : curieusement, c'est le cas du tourisme. Sur la côte Adriatique, les touristes sont repoussés par l'odeur nauséabonde de l'eau, ce qui pousse à trouver une solution pour l'améliorer.

Mais la mer n'existe pas seulement pour que nous puissions nous y baigner ou la sillonner sur de somptueux yachts. Elle représente un des facteurs essentiels de la survie de chacun d'entre nous. L'humanité malheureusement n'y prend pas garde. Le tapage qui est fait actuellement autour des forêts malades laisse espérer l'amorce d'un changement dans les mentalités, mais une catastrophe de ce type peut atteindre l'océan à tout moment, et nous mourrons alors d'asphyxie, parce que l'oxygène que nous respirons provient en grande partie des algues de la mer.

Abstraction faite de ces dangers au niveau planétaire, dont celui, très menaçant, de la destruction des océans, l'état de ma région me tient à cœur, et pour l'instant je me préoccupe surtout du sort des mares.

J'ai ressenti la nécessité d'aménager un étang dans le jardin pour venir en aide aux rainettes. Beaucoup de gens, à qui ces valeurs sont étrangères, ne comprennent pas ce besoin. Si l'élément menacé de destruction était d'origine humaine, construit par l'homme, ils comprendraient mieux la nécessité de le préserver. Mais ils ne perçoivent pas que l'extermination d'une espèce animale ou de complexes naturels est tout aussi néfaste que la destruction d'une cathédrale, d'un vieux bâtiment respectable, et qu'elle est peut-être même plus immorale. J'espère que, grâce à ce jardin, à mon jardin, grâce à cet étang, dans cette vie qui est la mienne, je permettrai que se reproduisent encore quelques milliers de rainettes...

Protection de la nature et éducation

De nos jours, tout le monde parle de protection de la nature. Outre le fait que la protection de la nature peut ne pas avoir que des effets positifs, une politique de protection de la nature est-elle possible dans les régions habitées par les hommes, ou bien la nature ne peut-elle être sérieusement protégée que dans des contrées complètement à l'écart ?

C'est certainement une très mauvaise solution que d'interdire aux hommes l'accès de paysages naturels intéressants et harmonieux. Ils doivent savoir combien la nature intacte peut être belle. Chaque fois que c'est possible, nous devons trouver un compromis où les exigences de la protection de la nature seraient respectées, mais aussi celles d'un espace riche d'expériences pour les hommes. Lorsque c'est fait de façon sensée, protection de la nature et tourisme, par exemple, sont tout à fait compatibles. Il est possible de concilier les animaux, en particulier les oiseaux, avec le tourisme, si personne n'utilise d'armes à feu, car les bêtes alors sont à peu près apprivoisées.

En Floride, dans l'immense contrée marécageuse des Everglades, des sentiers pour les touristes passant sur des ponts de bois conduisent dans les zones où poussent des palétuviers. Ils permettent d'observer, d'une distance de quelques mètres, des nids d'*anhingas*[1], de hérons de toutes sortes et de cormorans. La présence des touristes ne dérange pas les oiseaux dans les soins qu'ils prodiguent à leurs petits, parce qu'ils savent par expérience que ces hommes qui passent ne s'approcheront pas plus près d'eux que la largeur du chemin, et que personne n'ira à l'eau — ne serait-ce qu'en raison de la présence d'alligators ! — pour piller les nids. Les animaux ont réduit au minimum la distance à partir de laquelle ils prennent la fuite devant l'homme. C'est essentiellement rendu possible par l'interdiction de la chasse. Il est difficile d'exiger d'un oiseau sauvage qu'il nidifie à proximité d'un chemin emprunté par des tireurs ! Ce qui a été réalisé dans les Everglades est exemplaire, preuve que les recettes du tourisme ne se font pas toujours au détriment de la protection de la nature. Mais cette solution ne donne de bons résultats que si le tourisme reste sous contrôle : les chasseurs sont interdits, et il est interdit de sortir des chemins balisés.

Malheureusement, les exemples à ne pas suivre en matière de protection de la nature sont beaucoup plus nombreux : jusqu'à la Seconde Guerre mondiale, près du Danube, dans ma région, entre Muckendorf et Greifenstein, des colonies d'hirondelles de mer (des sternes Pierre-Garin et des sternes naines) vivaient sur des bancs de graviers où ne poussait aucune végétation. Des guifettes noires vivaient même par endroits, le long d'un bras secondaire appelé Stockau, là où il y avait de l'herbe. Ces espèces de sternes ne sont pas mortes

1. Appelé aussi « oiseau-serpent ». *(N.d.T.)*

empoisonnées ou tirées par les chasseurs, elles ont péri à cause du tourisme. Il suffit d'un seul couple d'amoureux qui accoste en canot sur l'île où vivent les sternes et s'y étende toute une chaude journée d'été pour que les oiseaux n'osent plus se poser sur le sol. Le couple est sûr de son bon droit, car un œil inexpert ne remarque pas les œufs des oiseaux à terre, et le cri d'alerte, ce « tirr, tirr, tirr », que poussent les sternes, n'a aucun sens pour des citadins. Ils ne comprennent pas que les oiseaux les prient de s'éloigner afin qu'ils puissent continuer à couver ou à nourrir leurs petits. Quelques jours fériés et leur lot de touristes débarquant en bateau suffisent à exterminer une colonie de sternes. Le tourisme non réglementé peut donc provoquer des dégats inimaginables dans des espaces naturels d'une grande valeur écologique et biologique. Certes l'extermination des sternes par le tourisme n'était pas voulue, leur mort n'est due qu'à l'incompréhension.

A l'opposé, il arrive que des espaces de vie naturels soient détruits pour des motifs purement commerciaux, afin que le tourisme en tire profit. C'est le cas des zones de roseaux autour des lacs. Je pense au lac de Neusiedler dont les zones de roseaux constituent naturellement un abri formidable pour toutes sortes d'êtres vivants. Pour nombre d'entre eux, c'est le seul espace de vie qui convienne. Mais les baigneurs, eux, n'apprécient guère les roseaux. Les maires des localités situées au bord des lacs sont donc partisans de supprimer les zones de roseaux pour disposer de plages pour la baignade. A plus forte raison lorsqu'un hôtel est construit à cet endroit. Je me souviens du procès spectaculaire de Graupe, un ami journaliste : un hôtelier se trouvait dans l'illégalité pour avoir fait construire un hôtel. Graupe l'a attaqué de façon si véhémente qu'il a été traduit en justice. Mon ami Otto Koenig et moi-même avons été interrogés, et nous avons déposé en notre âme et conscience contre l'hôtelier. Les gens, bien souvent, ignorent complètement quels préjudices ils causent à la nature et à la faune par un tourisme non réglementé.

Hélas ! on se demande souvent quel sens est donné à la protcction de la nature par ceux-là mêmes qui s'en réclament. Il suffit de prendre l'exemple de la pêche. En Amérique et en Angleterre, on trouve une foule de personnes aimant la nature et la protégeant, qui pratiquent la pêche. Pourtant dans ces deux pays, il est inhabituel de tuer les poissons attrapés : ils sont pêchés l'un après l'autre et jetés au fond du bateau où ils crèvent lentement de la façon la plus cruelle qui soit, par asphyxie. Face à ce spectacle, les pêcheurs n'éprouvent ni pitié ni respect de la nature, ils n'ont même pas conscience des souffrances causées à l'animal, parce qu'ils n'y ont pas été sensibilisés dès l'enfance.

Or on peut très bien inculquer aux enfants le respect des organismes ou des systèmes vivants. Prenez le cas d'un jeune garçon de dix ans qui malheureusement doit vivre dans un appartement. On peut lui apprendre à protéger et à respecter la nature en lui donnant la possibilité de s'occuper d'animaux. L'aquarium ou des oiseaux en cage constituent un moyen d'apprentissage remarquable. Un enfant responsable d'un animal sera facilement amené à être responsable vis-à-vis de l'environnement. Dans ce domaine, ce qui est négatif recèle souvent quelque chose de positif : lorsqu'un canari meurt de faim parce qu'un enfant a oublié de le nourrir, un être humain de plus a mauvaise conscience d'être responsable de la mort d'un animal. Il sera alors gagné à la cause de la protection de la nature. Une erreur peut être positive lorsqu'elle fait prendre conscience que l'on n'est pas sur la bonne voie. La reconnaissance de l'erreur et la mauvaise conscience mènent au même résultat. De ce point de vue, ce canari sacrifié qui est mort de faim lamentablement a plus de valeur que dix canaris vivants élevés en cage.

La même chose vaut pour un caniche dans une grande ville. Naturellement, il souffre, comme le canari qui meurt de faim dans la cage d'un enfant, mais sa présence est source de bienfaits. Dans une grande ville, le seul moyen pour l'homme d'avoir un contact avec les animaux est d'élever un animal domestique. Donnez à des enfants une cage avec deux diamants mandarins qui bientôt se mettent à couver. Et voilà que huit oiseaux vivent dans la cage ! L'effet de cette expérience sur les enfants est formidable. C'est une des voies permettant d'amener les enfants à respecter et à protéger la nature. Il vaut mieux un diamant mandarin en cage que pas d'animal du tout. Mais c'est moins bien qu'un merle noir ou un gros-bec casse-noyaux, dont la mangeoire est installée sur le rebord de la fenêtre. La meilleure solution pour apprendre à un enfant à protéger la nature est de le mener à la campagne. Il n'existe pas de moyens plus précieux pour lui montrer certaines différences. Un enfant doit savoir combien un ruisseau est beau par rapport à un canal d'évacuation des déchets industriels.

Prenez mon cas. Je ne me suis pas intéressé peu à peu à la protection de la nature, je ne suis pas devenu un beau jour membre d'une association, cela a toujours fait partie de moi parce que je suis né dans un environnement presque naturel. Mon apprentissage de la nature s'est également fait grâce à l'aquarium et à la cage à oiseaux. J'ai toujours eu des aquariums, et des oiseaux, mais surtout j'ai collectionné des animaux vivants trouvés dans la nature pour les observer.

On peut distinguer deux catégories de personnes s'intéressant aux animaux : les « éleveurs » et les « chasseurs ». Je fais partie des éleveurs. J'entends par là les personnes aimant les animaux, que rien ne rend plus heureux que d'avoir un nouvel animal chez eux, en captivité, qui reste en bonne santé, qui se nourrit bien et qui peut-être même, bonheur suprême, aura une abondante descendance. L'autre catégorie est celle du chasseur. Il ne fait que se promener dans la nature, sans songer à élever un animal, à le nourrir et à s'en occuper chez lui. Idéalement, ces deux types d'amis des animaux sont qualifiés pour protéger activement la nature.

La jeunesse actuelle éprouve certainement beaucoup plus de difficultés à le faire qu'à mon époque, et nous en venons à évoquer le caractère ambigu de la protection de la nature. Dans ma jeunesse, je pouvais encore pêcher sans scrupule des têtards et des grenouilles dans une mare. De nos jours, il est strictement interdit d'attraper des grenouilles : si vous prenez une grenouille dans un pré, vous enfreignez la loi et vous pouvez être arrêté. Cette interdiction est à double tranchant. En ce qui me concerne, je n'aurais pas le niveau scientifique que j'ai maintenant si, enfant, je n'avais pas pu attraper des oiseaux et une salamandre.

Sur ces entrefaites, M. le maire fait assécher une prairie humide jugée inutile, parce qu'on souhaite construire un court de tennis à sa place. On organise une fête, on remet des décorations et on procède solennellement à l'inauguration. L'assèchement de cette prairie humide provoque la mort d'un millier de grenouilles ou plus, ce chiffre ne valant que dans l'instant, car il faut y ajouter toutes celles qui ne naîtront pas parce que le biotope où elles auraient pu prospérer chaque printemps a été détruit. On interdit à l'enfant de ramasser une grenouille, et on en condamne des milliers pour faire un tennis, selon la perspective différente où l'on se place.

A notre époque, il est essentiel de protéger efficacement les espèces. Certains biotopes d'outre-mer sont dévalisés, la faune qu'ils abritent est pêchée ou chassée pour des amateurs d'animaux pour le moins douteux. Il n'est pas convaincant de pouvoir acheter sans aucune difficulté un crocodile qui vivra ensuite dans une baignoire. Certes, même dans une baignoire un crocodile peut poursuivre sa croissance si l'eau est suffisamment chaude. Mais élever un animal dans ces conditions n'est ni idéal ni souhaitable. Cependant nous devons peser le pour et le contre : d'un côté la souffrance de l'animal et la bêtise de l'homme qui entreprend d'élever un crocodile dans une baignoire, de l'autre, le fait que l'homme devient plus humain en s'occupant de cette bête. Si c'était le cas, cet élevage se justifierait un peu moins mal, mais un crocodile dans une baignoire est-il en mesure de rendre un être humain meilleur ? Je crains qu'il ne s'agisse purement et simplement d'un animal sacrifié, que l'on pourrait aussi bien tuer sur-le-champ.

Chacun peut participer à la protection de la nature, ne serait-ce qu'avec un jardin. Dans l'étang aménagé pour elles dans mon jardin, les grenouilles ont trouvé un nouveau lieu de frai. Deux ans après sa réalisation[1], trois espèces différentes viennent y frayer. Par l'aide toute simple que j'ai ainsi apportée à la protection de la

1. Rappelons que cet ouvrage est le fruit de dix ans d'entretiens entre Kurt Mündl et Konrad Lorenz, regroupés par thèmes et non chronologiquement. *(N.d.T.)*

nature, j'ai produit plus de grenouilles qu'un homme peut en consommer. L'essentiel pour les jeunes que l'on veut éduquer et amener à protéger la nature est qu'ils établissent un contact direct avec le monde animal. L'enfant doit faire son apprentissage. Lorsque j'étais enfant, j'ai vu peu à peu diminuer le nombre des grenouilles qui vivaient dans mon terrarium ; à la fin, il ne restait plus qu'un crapaud énorme nourri de toutes les grenouilles ! Bon apprentissage... Le plus tôt possible, il faut apprendre aux enfants à respecter et à préserver la nature. Les adultes sont déjà trop vieux pour le comprendre. Nous devrions former en masse des défenseurs de la nature compétents si nous voulons sauver notre univers. J'ai troqué mon crocodile contre... un basset alors que j'étais encore très jeune.

Il est important de disposer d'une armée de bons enseignants. Les enseignants sont des êtres traités avec quelque mépris, considérés comme des personnages un peu ridicules, ce qui n'est pas une bonne chose. Ils doivent être érigés en modèle, car ils peuvent apprendre très tôt aux enfants ce qu'est la protection de la nature. Cela ne va pas sans mal. Il conviendrait que l'instituteur soit mis sur un pied d'égalité avec le professeur d'université, pour le rang social et pour le niveau de salaire : le premier pédagogue qui enseigne la compréhension de la nature exerce une influence fondamentale. La nouvelle génération de défenseurs de la nature est peu nombreuse parce que ceux qui possèdent une formation en ce domaine se font de plus en plus rares. Dans l'enseignement secondaire, le nombre d'heures de sciences naturelles se réduit comme une peau de chagrin. Cette matière est parmi les moins considérées. Les gens ne croient pas au risque d'une humanité malade dans une centaine d'années à cause, précisément, de ce manque d'intérêt pour la biologie. Aujourd'hui déjà, la situation est menaçante : la plupart des très jeunes garçons connaissent toutes les marques d'automobiles, ils les distinguent parfaitement même lorsqu'elles se ressemblent. En revanche, ils n'identifient pas les oiseaux. Par l'éducation, on peut amener un être humain à s'engager avec conviction et un enthousiasme quasi patriotique pour la cause de l'entreprise Ford... La conscience d'un être humain dont la formation ne s'est pas faite dans le sens souhaitable au moment adéquat ne peut plus être réparée lorsqu'il a vieilli.

La famille, si elle n'est pas elle-même déjà devenue insensible à certaines valeurs, est bien placée pour inculquer aux enfants le respect de la nature, mais mon plus grand espoir se porte sur les enseignants, préalablement dotés d'une culture de la nature. Un grand nombre de bons professeurs ont à cœur d'inculquer aux enfants l'amour de la nature et de leur présenter sous leur vrai jour les problèmes auxquels est confronté l'univers.

J'ai eu un instituteur extraordinaire à l'école primaire et un professeur de sciences naturelles merveilleux au lycée. Je ne sais pas auquel des deux je dois le plus. J'ai tendance à éprouver la reconnaissance la plus vive envers celui qui, le premier, a eu une influence positive dans ma vie.

La protection de la nature et des animaux relève d'une appréciation des valeurs. J'ai un jour proposé de faire l'expérience suivante, tendant à démontrer que certaines valeurs sont inhérentes à l'être humain : imaginez une longue table sur laquelle on pose une machette, cet immense couteau de brousse. Il y a en outre sur la table une salade, une moule, une salamandre, une grenouille, une souris, un chat, un chiot, un jeune chimpanzé et un bébé. On donne la machette à la personne servant de cobaye, en la sommant de trancher en deux l'un des sujets. Ceux qui ne choisissent pas la salade ont échoué à l'épreuve et sont objets de réprobation. Grâce à Dieu, la grande majorité des êtres humains possède intrinsèquement le juste sentiment des valeurs.

Quoique les élevages intensifs d'animaux pratiqués pour des raisons de profit puissent nous en faire douter. Je ne parle pas des petits paysans qui conservent un contact avec leurs animaux, les connaissent et ne les traitent pas avec cruauté même si ces bêtes finissent à l'abattoir. Je fais allusion à l'élevage à la chaîne, l'un des chapitres les plus sombres et les plus entachés de honte de la civilisation humaine. Ceux qui ont eu l'occasion, près d'un de ces établissements destinés à engraisser les animaux, d'entendre des centaines de veaux meugler, ayant compris le cri de détresse des veaux, ne pourront plus supporter l'homme qui tire des bénéfices de cet élevage.

Je mange de la viande, mais pratiquement jamais de viande de veau. C'est une chose naturelle de manger des animaux mais, si j'avais à abattre moi-même les animaux que je vais manger, je ne mangerais certainement jamais de viande de bœuf. Ce sont à mon avis des valeurs intrinsèques : je ne me résoudrais jamais à tuer une vache.

Un problème se pose aussi dans le cas d'animaux dont on s'est occupé longtemps, et qui par ailleurs servent facilement de nourriture à d'autres. Angelika Schlager avait aménagé dans la salle de l'aquarium un très joli petit aquarium contenant des espèces locales ; elle y avait déposé entre autres des œufs de rotengle.

Les rotengles issus des œufs grossirent de jour en jour et mangèrent toutes les plantes de l'aquarium. Angelika aurait pu nourrir des poissons de plus grande taille avec les rotengles, mais elle avait du mal à tuer ces poissons dont elle s'était occupée depuis leur éclosion. Cette réaction est tout à fait compréhensible : tout être humain normal agirait de même et cela n'a rien de particulièrement louable, ni blâmable. Si vraiment on ne sait pas quoi en faire, on peut les manger soi-même plutôt que de les tuer inutilement. Si on y parvient. Ce qu'a fait Jürg Lamprecht avec ses tilapias. Il travaillait avec des cichlidés qui sont de merveilleux animaux d'expérimentation. Mais les cichlidés dont il avait besoin pour ses expériences deviennent énormes. Un jour, il constata que les poissons étaient trop gros pour son aquarium, au volume limité. Il se dit alors qu'il allait les manger, ce qu'il fit. Après tout, pourquoi ne pas les utiliser ainsi ?

Aujourd'hui encore, j'ai une dette de reconnaissance énorme envers les *natrix tesselata* et les *rana esculenta*. Un nombre effrayant de prisonniers de guerre en Russie souffrait d'œdèmes affreux causés par la malnutrition et de toutes sortes de carences, manque de protéines en particulier. J'ai tué beaucoup de *natrix tesselata* et de grenouilles pour pallier ces déficiences. Les couleuvres ne convenaient pas, car leur odeur est tellement forte qu'il est impossible de les avaler. Aujourd'hui, il ne me viendrait pas à l'idée de manger des cuisses de grenouilles parce qu'il y en a trop peu, j'aurais pitié d'elles. Au cours de ma longue vie, j'ai également mangé je ne sais combien d'oies cendrées, mais jamais je n'en ai tué une seule. Lorsqu'il y avait de l'oie rôtie, c'était toujours à la suite d'un accident. Même alors, j'ai toujours eu du mal à couper le premier morceau, et ce m'était particulièrement difficile lorsque je connaissais bien l'oie. Ces réserves, ces récitences sont dues à l'existence de certaines valeurs. On peut exprimer cette idée autrement : imaginons qu'au cours d'une expédition polaire dont je fais partie, on constate que les réserves touchent à leur fin. Les membres de l'expédition tiennent conseil et déclarent : « Nous allons faire frire Konrad ; de toute façon, il a plus de quatre-vingts ans et n'est plus bon à grand-chose. » Je serais profondément vexé. Par contre, si je me tuais en dévalant d'un glacier : « Je vous en prie, servez-vous... » C'est une pure question d'appréciation.

Un autre problème d'appréciation des valeurs se pose dans le domaine scientifique où l'on est contraint de tuer des animaux, par exemple pour l'expérimentation animale. Je n'ai pas d'opinion tranchée en la matière. La mort d'un enfant est un événement beaucoup plus grave que celle d'un singe élevé dans une cage. Il est criminel de faire une propagande sans nuances contre les expérimentations animales. Une de mes amies, Monika Holzapfel, éthologiste et biologiste de grande valeur, a perdu sa fillette de neuf ans, à la suite d'une polyomiélite, durant laquelle elle a beaucoup souffert. Cette mort nous ramène à la question que chaque être humain doit se poser : à combien de bébés singes rhésus ai-je le droit de faire subir un supplice mortel pour sauver la fille de Monika Holzapfel ? Combien de bébés singes rhésus vaut un enfant ? Il est insensé d'interdire strictement les expériences ponctuelles sur les animaux.

Néanmoins, il n'est pas facile de résoudre ce problème. Bien sûr, je ne suis pas partisan de verser du vernis à ongles dans les yeux d'un lapin pour voir ce qui se produit ! Cette expérience pourrait être évitée. Dans ce cas précis, nous pouvons nous prononcer plus facilement sur l'utilité de l'expérience, que dans le cas des expérimentations animales nécessaires à la recherche fondamentale.

Un animal ne souffre pas moins que nous, au contraire il souffre plus. Au cours d'un voyage, j'ai eu un jour une inflammation du ligament d'une dent. Je n'avais sur moi aucun calmant, sauf des somnifères. Je commis la bêtise d'en avaler un : mes souffrances devinrent alors terribles, parce que le peu de raison auquel je pouvais encore me raccrocher était bloqué sous l'effet du somnifère. On se trouve complètement livré aux douleurs, sans ressource aucune. Un animal ressent la souffrance en permanence de cette façon.

Un être humain peut souffrir sans être triste : je me trouvais un jour sur un bateau d'une compagnie belge, et j'avais un tel mal de mer que je voulais mourir. J'étais aussi mal qu'on peut l'être physiquement. Pourtant, je n'éprouvais pas la moindre tristesse, car je voyais le môle d'Ostende et je savais que nous allions accoster un quart d'heure après et que mes grandes souffrances seraient terminées. Un animal ne peut en aucune façon en avoir conscience. Si vous laissez votre chien chez vous et que vous vous absentez pendant quinze jours, il souffre autant que si vous étiez mort, parce qu'il ne peut pas savoir que vous reviendrez. Par contre, si vous allez seulement travailler et que vous rentrez tous les soirs à votre domicile, le laps de temps écoulé est si court que l'animal s'y accoutume. Dans ce cas-là, il comprend ce qui se passe. Au bout d'un certain temps, il sait qu'il ne faut pas prendre cette absence trop au sérieux. Les chiens ont la mémoire courte. Ils oublient les hommes assez rapidement : une dizaine d'années suffisent. Il est vrai qu'un chien ne vit pas très longtemps... Certains oiseaux vivent normalement soixante ou soixante-dix ans, c'est le cas des perroquets et des oies, et ils possèdent une mémoire fabuleuse.

Protéger la nature ne consiste pas seulement à élever quelques animaux isolés. Il faut aussi préserver des systèmes biologiques complets. Quelles valeurs interviennent alors ?

Actuellement, la tendance de la science est de quantifier de plus en plus. Cette évolution me paraît nocive. « Vous considérez que ce que vous ne comptez pas, ce que vous ne monnayez pas, n'a pas de valeur. Ce qui ne vaut pas son pesant d'or ne vaut rien pour vous. » Ces paroles d'un certain Schiller sont encore plus vraies aujourd'hui qu'autrefois. L'argent est le grand responsable : il existe une croyance quasi religieuse selon laquelle on pourrait attribuer une valeur en argent à des systèmes naturels : tant de kilomètres carrés de forêts vaudraient tant de milliers de dollars. L'erreur est fondamentale. La valeur des systèmes naturels est incalculable, aucune somme au monde ne peut les racheter lorsqu'ils sont irrémédiablement détruits. Il est grand temps que tous, même les protecteurs de la nature, reconnaissent la valeur de ce qui ne peut pas se fabriquer. « Pourquoi donc faudrait-il que je protège le bouquetin ? » dit le technicien borné, qui ajoute : « Ce que la technique me permet de produire a beaucoup plus de valeur. » Erreur ! Ce genre d'hommes croit vraiment que pour fabriquer une rainette, il lui suffit de disposer d'une somme d'argent suffisante, de la même façon qu'il peut construire une fusée pour une certaine somme d'argent. Mais on n'a aucun recours en ce qui concerne les espèces disparues ;

on ne peut même pas fabriquer un simple brin d'herbe lorsqu'on ne trouve plus ni herbe, ni graines.

Malheureusement, dans ce cas-là, on ne peut pas faire appel à la logique. La logique est un système de lois de la pensée qui a évolué et s'est fait au cours de l'histoire de l'humanité et de la civilisation. On ne peut en tirer aucune conclusion convaincante. Nous, théoriciens de la connaissance et de l'évolution, nous savons très bien que les mêmes choses bien réelles peuvent se présenter sous des formes très différentes. Nous ne nous étonnons pas qu'un objet nous apparaisse tantôt sous l'aspect d'un flot de corpuscules et tantôt sous forme d'onde. Je ne suis pas surpris que la même chose vaille pour le corps et l'âme. Lorsque je dis : « Voici mon ami Kurt », je ne fais pas allusion à son corps et à sa physiologie, ni au fait incontestable qu'il est doué d'âme et qu'il est, comme moi, un sujet vivant, mais je pense inconsciemment à la conjonction des deux.

On peut faire comprendre à tout le monde, uniquement par des réflexions logiques, que la nature doit être protégée ; il faut l'expliquer, donner des exemples. Faute de quoi on ne pourra convaincre personne que l'énergie nucléaire en tant que telle est nocive, qu'elle représente une impasse pour l'évolution de l'humanité dans laquelle nous nous fourvoyons, et qu'elle peut mener l'humanité à sa perte. Certaines règles de la cybernétique interviennent en tout lieu. Un système qui s'autorégule, dans lequel se produit une contre-réaction positive, est nécessairement en équilibre instable ; dans le domaine de nos interactions sociales, très peu de systèmes s'autorégulent par une contre-réaction négative de compensation. A titre d'exemple, une compensation négative se produit lorsque le carburateur est trop plein et lorsque le flotteur intervient pour que l'alimentation en essence soit réduite. C'est ce qu'on appelle un système autorégulé à contre-réaction négative. La connaissance de cette régulation nous vient de la technique, avant même que la biologie en ait fait la découverte. Alors que dans la plupart des cas, c'est la technique qui a tiré un enseignement de la biologie, dans le cas du système autorégulé, c'est le contraire qui s'est produit.

Lorsque les activistes de Greenpeace, par exemple, n'hésitent pas à employer la force au cours de leurs opérations, il en ressort toujours un certain effet positif : plus on fait de ravages d'un côté, plus on frappe fort en retour. Il serait bien sûr préférable que l'éducation au respect de la nature se fasse sans violence, la violence engendrant toujours la violence. Toutefois, je suis partisan de Greenpeace. Je trouve prodigieuse l'énergie avec laquelle ces gens s'engagent, risquent leur vie, se jettent devant des tracteurs en marche, dans le seul but de servir la cause de la protection de la nature. Si j'étais jeune, je les imiterais. Hélas ! j'ai aujourd'hui de trop mauvaises jambes. Mais j'admire l'action de Greenpeace en tant que telle.

Quel niveau de violence peut-on tolérer ? On peut empêcher les chasseurs d'attraper ou de tuer des phoques aussi longtemps qu'une franche aggression peut être évitée, point au-delà duquel on ne devrait pas aller. Un membre de Greenpeace ne devrait pas aller jusqu'à tuer un chasseur de phoques et vice versa.

En l'absence d'actions comparables à celles de Greenpeace, la protection de la nature se trouve confrontée à des tâches presque insurmontables. Il n'existe plus guère de nature vraiment intacte, et celle qui reste doit être défendue avec véhémence. Nous ne savons pas comment les animaux sauvages réagiront à la diminution de leur espace vital. A combien d'individus une population animale peut-elle se réduire et cependant survivre ? Un cerf est-il encore un cerf lorsqu'il vit dans une forêt encerclée par la civilisation ? Il se produit sans doute une évolution vers la domestication lorsque les populations animales et les espaces où elles vivent diminuent trop. L'animal n'est plus alors ce qu'il était auparavant. La même chose se passe lorsque des Indiens sont parqués dans une réserve. Plus rien ne risque de leur arriver, mais c'est le premier pas vers la mise en cage, vers les zoos, où ils seront protégés. Peut-on encore parler d'Indiens ?

Il existe la solution des espaces naturels artificiels de seconde main. D'ici peu, tous les espaces naturels d'origine que nous aurons défendus posséderont les caractéristiques de petits parcs. La préservation du patrimoine naturel existant, les mesures de défense et de protection en sa faveur sont indispensables et prioritaires, mais ne doivent pas nous empêcher de créer des espaces naturels de seconde main, c'est-à-dire de cultiver les sols de telle sorte que la couverture végétale ne disparaisse pas. J'éprouve une grande satisfaction à observer que les champs du Tullnerfeld sont bordés de rangées de peupliers et de sous-bois naturels. Il serait possible d'arranger les haies de façon encore plus écologique, dont bénéficierait une multitude de petits animaux et d'oiseaux. On peut vraiment faire beaucoup ! Le barrage sur l'Inn, au nord de Passau, constitue un bon exemple d'espace naturel artificiel. Des hérons bihoreaux, par exemple, s'y sont installés, qui ne vivaient pas là auparavant. Zarathoustra connaissait déjà l'importance de la création d'espaces naturels par l'homme : il jugeait très bénéfique d'empiéter sur le désert pour gagner un espace naturel.

Il sera comparativement plus facile de gagner des espaces de vie et des réserves naturelles pour les animaux sur les zones de monoculture. La conception selon laquelle tout ce qui est grand est bon — *the bigger the better* —, qui sous-tend la pratique de la monoculture, sera, espérons-le, bientôt reconnue comme fausse. C'est une lourde responsabilité de prendre la décision dc dire : un écosystème ne nous intéresse plus, ou tel écosystème a plus de valeur que tel autre, ou les dernières forêts naturelles sont inutiles. Ces affirmations néfastes dissimulent un réel danger, car nombreux sont les espaces naturels de vie que l'on ne peut pas reconstituer une fois qu'ils ont été détruits : les marais tourbeux et les mers, par exemple. Nous avons le devoir de défendre par tous les moyens ces espaces que l'on ne peut pas reproduire, sans que cela nous dispense de l'obligation de créer des espaces naturels artificiels, partout où nous le pouvons. Dieu merci, la situation s'équilibre parfois d'elle-même, encore que trop peu souvent, en faveur de la nature.

Prenons la chasse à la baleine : les baleines se font tellement rares dans toutes les mers du globe que la plupart des entreprises spécialisées dans la pêche à la baleine disparaissent. J'espère, espoir ultime, qu'un tout dernier couple de baleines se rencontrera et se reproduira après que la dernière flotte équipée pour la pêche aura fait faillite. Je ne veux pas croire qu'il est déjà trop tard dans tous les domaines. Une plante qui pousse au bord du chemin ou qui fleurit dans un appartement en ville peut sauver des êtres humains. Moi-même, lorsque je m'assieds dans mon jardin où vivent en liberté trente-six espèces d'oiseaux différentes, je retrouve de l'espoir et de nouvelles forces et je me réjouis qu'il n'en soit pas ici comme à Wuppertal.

L'exemple des marais tourbeux qui nécessitent un lent processus d'évolution montre bien que les écosystèmes ne peuvent pas être fabriqués.

La communauté vivante si particulière constituée par les marais tourbeux présente l'exemple idéal de système biologique prouvant à l'homme que, contrairement à ce qu'il croit, il ne peut en aucun cas tout fabriquer ou tout acheter. Pour comprendre leur caractère unique, on doit savoir ce que sont ces marais et comment ils se constituent.

Les marais tourbeux sont des résidus de la dernière période glaciaire, au cours de laquelle ils ont commencé à se former. Lorsque les glaciers se retirèrent, des mares de glace fondante restèrent dans les cuvettes imperméables creusées par la glace, et toutes sortes d'organismes morts s'y accumulèrent. Ces organismes ne pouvaient pas se décomposer et pourrir en totalité en raison d'une température extérieure trop basse. L'eau retenue dans les creux empêchait également une décomposition complète.

Peu à peu, ces eaux dormantes se comblaient. Beaucoup plus tard, des plantes, des roseaux, etc., qui avaient poussé là, s'enfoncèrent dans ces creux pleins d'eau et le phénomène se reproduisit sans arrêt, jusqu'à ce que les petites mares soient remplies d'organismes morts. Des arbres poussèrent également à partir de graines apportées par le vent. Mais ils ne pouvaient pas grandir en raison de leur poids qui les faisait tomber et s'enfoncer dans le sous-sol mou et détrempé.

Tout marécage n'est pas, loin s'en faut, un marais tourbeux (une tourbière). Le marais tourbeux est caractérisé par la présence de tourbe, constituée d'organismes souvent très vieux, non décomposés, animaux aussi bien que végétaux, sur lesquels le processus de pourrissement n'a pas été réalisé, ou seulement en partie.

On distingue deux types de tourbières. Le plus ancien constitue la tourbière proprement dite, où l'eau de pluie a entraîné toutes les substances nutritives en profondeur et où seuls des végétaux ayant très peu de besoins — les mousses des tourbières appelées sphaignes — peuvent subsister. Les sphaignes envahissent tout, elles meurent vers le bas et continuent à pousser vers le haut, d'un millimètre par an environ. Dans les tourbières intactes, des coussins de mousse atteignent une épaisseur de plusieurs mètres et s'incurvent régulièrement en partant du centre de la tourbière vers les bords, comme une assiette posée à l'envers, au-dessus de l'ancien niveau de l'eau du lac glaciaire d'origine. Cet écosystème possède une valeur inestimable, parce qu'il est très vieux et qu'il lui a fallu tout ce temps pour devenir ce qu'il est.

Il existe aussi un type de tourbière moins développé, sol semi-tourbeux se constituant principalement dans les zones d'ensablement des lacs, comblées suffisamment longtemps par des roseaux et d'autres plantes analogues. On trouve de très beaux marais tourbeux dus à l'ensablement à proximité du lac de Neusiedler. Il s'agit d'une tourbière en cours de formation. Si nous lui laissons le temps, il se transformera dans plusieurs siècles en tourbière du premier type. Lorsque nous aurons enfin compris que, dans notre univers, tout fonctionne par un processus d'évolution, qui dure des millénaires dans le cas des tourbières, moins longtemps dans le cas des aulnaies, nous saurons que nous n'avons pas le droit d'agir de façon irresponsable vis-à-vis de ces espaces naturels irremplaçables. Si les derniers marais tourbeux sont sacrifiés un jour pour l'extraction de la tourbe ou pour les bains de boue tourbeuse, ce n'est pas seulement une espèce animale ou végétale qui disparaîtra, mais c'est tout un système qui sera perdu. Or, dans une tourbière vit une multitude d'organismes endémiques que l'on ne peut pas acclimater ailleurs, dont ces plantes carnivores particulièrement intéressantes que sont les droséras, ainsi que les *pinguicula* ou les *utricularia* qui poussent dans certaines mares de la tourbière, et quelques espèces rares d'oiseaux comme le pluvier doré.

On peut essayer de dire à un héron cendré : « Ne va pas près du fleuve où les arbres ont été coupés, poste-toi près de l'étang ou près du ruisseau, va dans les champs te nourrir de mollusques. » Mais les animaux et les plantes que l'on trouve dans les tourbières sont extrêmement spécialisés, ils ont besoin de ce sol particulier, pauvre en substances nutritives, ou bien de zones d'eau présentant la même caractéristique.

Seule une tourbière peut remplacer une autre tourbière. Il ne sert à rien de tenter de créer des biotopes artificiels. On peut prétendre aménager un marais tourbeux : ce n'est pas un problème si l'on a dix ou quinze mille ans devant soi... Ce simple paradoxe suffit à montrer que les marais tourbeux sont irremplaçables.

L'écosystème constitué par un marais tourbeux peut être facilement perturbé ; il suffit d'infimes changements pour mettre tout le système en danger ou pour le détruire immédiatement. Il n'est besoin que de répandre de la chaux pendant une courte période sur une tourbière et une œuvre extraordinaire de la nature, élaborée durant dix millénaires, est gâchée en un tournemain.

Une fois endommagées, les tourbières sont presque irrécupérables. Un assèchement, même très faible, n'est guère rattrapable. Je suis devenu un spécialiste des tourbières en tentant d'en sauver une, menacée par l'assèchement. Près de mon institut de Seewiesen, nous avions notre propre tourbière et, bien que nous ayons pris très tôt des mesures pour lutter contre le manque d'eau, les bouleaux avaient pris un tel essor et s'étaient si bien multipliés que toutes les autres plantes typiques, magnifiques, comme les sphaignes ou les *menyanthes* avaient été pratiquement éliminées. Toute l'écologie s'était modifiée, il n'y avait plus aucun recours. Dans cette tourbière en train de mourir, de se dénaturer, je n'ai vu qu'une seule grenouille des tourbières, la dernière. D'un bleu merveilleux mêlé de jaune, elle ressemblait à un petit bonhomme en habit de noces. Je suis resté vingt ans à Seewiesen, durant lesquels je suis allé chaque jour dans la tourbière, et je n'ai plus jamais revu une seule grenouille. La tourbière avait commencé à dépérir. Parfois on découvrait des lézards des tourbières et des vipères, mais plus jamais de grenouilles.

C'est la preuve que l'équilibre dans un système vivant peut être perturbé avec une facilité déconcertante. Lorsqu'une tourbière est touchée, l'homme est incapable de la réparer. La seule chose qui puisse aider est la prévention, la défense, la protection absolue. Mais justement, ce n'est pas facile à réaliser dans le cas précis de la tourbière : pour qu'elle demeure à l'état de tourbière, elle doit conserver une surface minimale. Des reliquats minuscules ne sont plus des tourbières. En outre, les tourbières ne peuvent s'accommoder de la présence de l'homme et de ses exigences agricoles. On peut sans problème mener des vaches sur un alpage et les y laisser pâturer tout un été. Les orchidées rares pousseront malgré tout sur ce pré. Bien plus, il est indispensable que les vaches, ou bien la faucheuse ou la tondeuse, maintiennent l'herbe rase : dans le cas contraire, tout serait envahi de mauvaises herbes et de buissons, et les orchidées seraient rapidement évincées par les autres plantes.

Le cas de la tourbière est différent. Les tourbières ne supportent même pas les dégâts provoqués par les hommes qui ont marché dessus pendant une assez longue période, tant le coussin de sphaignes est fragile. Comment convaincre un homme, dont les intérêts sont d'ordre économique, de préserver un terrain inutile pour lui, dont il ne peut tirer aucun profit et sur lequel il ne peut même pas marcher ? Mon ami Rolf Ismer, paysan dans le Hannover Ströhn, possède une grande tourbière qu'il a déclarée « zone naturelle protégée » par amour pour les tétras-lyre (les tourbières constituent leur gîte de prédilection). Cette initiative est exemplaire. Mais combien sont ceux qui agiront de même ? Nous en arrivons à la question suivante : quelle doit être la superficie d'un marais tourbeux pour qu'une espèce y demeure ? Le marais tourbeux de Rolf Ismer suffit-il pour que les tétras-lyre y vivent pendant longtemps ? Même des animaux capables de s'adapter à des espaces réduits peuvent en souffrir à la longue. C'est une réalité que nous ne devons pas oublier : même des êtres vivants, dotés d'une bonne capacité d'adaptation, peuvent finir par pâtir de l'exiguïté de leur habitat, parce qu'ils sont plus dépendants qu'on ne le croit des espèces disparues qui partageaient autrefois leur espace de vie.

Si vous supprimez une espèce parmi celles, si nombreuses et dépendantes les unes des autres, qui composent un biotope (la tourbière en est une), on ne sait jamais quels seront les effets en retour sur nombre d'autres espèces. Nous ne devons pas sous-évaluer notre ignorance en ce domaine. Cela vaut pour tous les systèmes biologiques.

On peut s'interroger : « A quoi cela sert-il ? En quoi ai-je besoin d'une grenouille des tourbières ? En quoi est-elle indispensable à mon bonheur ? » Certes, une espèce toute seule ne l'est pas, mais le système l'est ; on ne peut pas recréer la beauté de la nature dans son équilibre et nous en avons besoin pour conserver notre caractère humain. Nous le perdons en anéantissant un paysage naturel comme le marais tourbeux.

En tant que scientifiques, nous sommes confrontés à un difficile cas de conscience : la protection de la nature évolue-t-elle dans le bon sens ? Il faut être très prudent. Le bon défenseur de la nature, honnête vis-à-vis de lui-même, doit à un moment ou à un autre se demander s'il est préférable de conserver un espace naturel de vie, un marais tourbeux par exemple, en l'état où il se trouve aujourd'hui, ou bien laisser les choses suivre leur cours ? Le paysage se modifie de lui-même sans intervention humaine. Dois-je exclusivement tenter d'enrayer les répercussions des changements rapides provoqués par le développement de la civilisation ? Reprenons l'exemple de la petite tourbière de Seewiesen : lorsque je remarque que la tourbière s'assèche et que les petits bouleaux prolifèrent : ai-je le droit de couper les arbres ? Est-il juste de lutter par la force contre les bouleaux, simplement pour laisser une tourbière être plus longtemps une tourbière ? Le faisant, j'interviens dans le déroulement des choses et, dans une certaine mesure, je maintiens la tourbière à l'état de pièce de musée. Il est facile de produire un échantillon expérimental artificiel, qui doit ensuite être entretenu de façon permanente.

On a finalement reconnu aux marais tourbeux, que l'on ne peut fabriquer, une valeur telle que l'on doit tout mettre en œuvre pour les conserver. Il faudrait surtout préserver leur faune et leur flore particulières. Je me demande s'il est bon de regarder en spectateur comment une tourbière disparaît, alors qu'on pourrait encore la maintenir en vie longtemps. Car les tourbières sont non seulement belles, et précieuses parce qu'elles sont rares, elles constituent aussi un exemple parfait illustrant la facilité avec laquelle un écosystème vieux de plusieurs millénaires peut être anéanti à jamais en l'espace ridiculement court d'une génération humaine.

Pour protéger efficacement la nature, il ne suffit pas de l'enthousiasme de certains, mais il faut aussi être soutenu par le gouvernement.

Pour obtenir des résultats réels en matière de protection de la nature et de l'environnement, il faut inévitablement passer par les hommes politiques de bonne volonté. Mais les hommes politiques ne peuvent pas faire abstraction de ce qu'ils sont. Notre ministre de l'environnement, M. Steyer, signe toutes mes propositions en faveur d'une protection de la nature efficace en Autriche. Il est du même avis que moi, mais l'on sait que beaucoup de choses ne seront pas mises en pratique, parce que les hommes politiques — surtout les hommes politiques compétents qui veulent se mettre au service d'une bonne cause — visent avant tout à être réélus.

En dernière instance, tous les problèmes de notre terre, dont la protection de la nature, sont des problèmes éthiques. La démocratie n'est pas de nature, ou très peu, à produire des valeurs éthiques. Les personnes sans éthique finissent toujours par l'emporter et par gagner plus de voix. Cette forme de gouvernement représente une solution lamentable, insatisfaisante, mais malgré tout elle est encore la meilleure de toutes les formes de gouvernement possibles que nous ayons à notre disposition. En démocratie, nous avons du moins une chance de pouvoir convaincre.

Comme beaucoup de spécialistes des sciences physiques et naturelles avançant en âge, George Wald, prix Nobel de chimie, a dérapé, diraient les industriels, vers le discours philosophique, essentiellement moral ; en réalité, il s'est élevé vers des réflexions de cet ordre. A propos de la démocratie, il a constaté que, malheureusement, la liberté de l'individu, c'est-à-dire la démocratie réelle, était inversement proportionnelle à la population d'un Etat : plus un Etat est important par le nombre de ses citoyens, plus sa population doit être organisée solidement et plus la liberté individuelle est minime. On peut en conclure que les Etats gigantesques deviennent totalitaires, même s'ils se réclament de la démocratie. Les Etats-Unis et l'Urss en sont des exemples classiques. Ce sont en fait des Etats totalitaires. A la longue cela tourne mal.

Voilà pourquoi incombe aux petits Etats une grande responsabilité morale ; ils représentent des modèles idéaux de ce qu'on doit ou peut faire.

Il ressort que la religion a des exigences morales identiques à celles que l'intelligence humaine pose à l'exploitation économique de notre environnement. Je suis autrichien par conviction, parce que je crois que l'Autriche offre de bonnes occasions pour la démocratie. La Suisse pourrait peut-être constituer un concurrent pour former une démocratie réelle, honnête ; mais trop de gens riches y vivent, les immenses fortunes influent sur la politique. Je crois fermement que c'est en Autriche que les mesures qui s'imposent peuvent être rendues populaires le plus facilement, et qu'on peut obtenir de faire concorder les exigences morales et économiques. Nous attendons essentiellement de la protection de la nature, par l'intermédiaire de la politique, que soient prises des mesures de défense des zones naturelles si belles, si précieuses et si variées existant encore dans notre pays.

Il est indéniable que l'on ne peut pratiquer une politique efficace de protection de la nature que dans les pays riches, du moins aurait-on la possibilité de le faire, alors que cela n'est pas possible dans des pays dont la conjoncture économique et la structure sociale n'assurent pas à chaque individu un confort et une alimentation minimaux. Un habitant du Sahel ou un Pakistanais qui ne mange pas à sa faim, qui tremble pour les quelques épis de millet qu'il cultive et qui fait tout pour les préserver parce que sa famille, nombreuse, sous-alimentée, a besoin de chaque graine pour ne pas mourir de faim, ne peut être convaincu que le DDT est un poison effrayant et dangereux pour l'humanité. De même, nous ne pouvons pas interdire à un Inuit, vivant encore une vie sauvage, de dépecer un morse, alors qu'il a besoin de viande, d'huile et d'os pour sa survie. La protection de la nature, au sens où nous l'entendons, ne peut pas s'implanter chez eux. Il n'est pas dit que les hommes qui chassent, cultivent le sol pour se nourrir ou bien cueillent des fruits, nuisent à la nature et aux animaux. Tant que ces activités ne prennent pas des proportions incontrôlables. Les Indiens qui vivent encore dans des conditions pratiquement inchangées dans les forêts tropicales d'Amérique du Sud s'accordent parfaitement avec la nature, bien qu'ils chassent, pratiquent une agriculture modeste et ramassent des baies et des fruits pour leur consommation propre. La nature tolère ces activités, parce qu'elles ne l'atteignent pas plus qu'un prédateur qui chasse. Quant au Pakistanais mourant de faim, nous ne pouvons pas lui en vouloir s'il dit qu'il se moque de la protection de la nature ! Lui, naturellement, ne souhaite rien tant sur cette terre que d'arborer un ventre bien rond et de posséder une voiture de sport, signes d'un bon niveau de vie.

Un certain minimum vital est indispensable à tous les hommes pour qu'ils puissent recevoir une éducation en faveur de la protection de la nature. Dans les sociétés riches, cette initiation est réalisable. Que faire pour que les idées sur la nature et sur l'environnement prennent l'importance qui devrait être la leur depuis longtemps afin d'empêcher que l'humanité ne se suicide en détruisant des espaces naturels de vie, comme elle l'a fait avec inconscience jusqu'à maintenant ?

La démocratie constitue la meilleure forme d'Etat, parmi celles que nous connaissons, susceptible de faire passer dans la population les idées sur la protection de la nature. Mais apparemment, elle n'est pas encore assez satisfaisante, loin s'en faut. Je me souviens avoir discuté avec des amis pendant notre captivité en Russie de l'institution d'une législation sensée, humaine, et d'une forme de gouvernement qui parviendraient à maîtriser au mieux les problèmes de l'humanité. Nous avions abouti aux conclusions suivantes : la seule forme de gouvernement valable serait un « régime autoritaire des bons ». Ce paradoxe, évidemment, en dit long. Même si l'humanité est trop bête pour comprendre qu'elle creuse sa propre tombe en détruisant l'environnement, une sorte de dictature écologique ne mènerait guère au but que l'on s'est fixé. Rien ne fonctionne par la violence. Un effet contraire à celui recherché en est toujours le résultat. Avec un régime autoritaire, nous en reviendrions à l'époque d'Adolf Hitler. Même si nos intentions étaient bonnes, notre initiative serait vouée à l'échec parce que tout régime totalitaire est mauvais en soi.

On n'a pas encore trouvé une forme de gouvernement qui favoriserait la protection de l'environnement et de la nature par des moyens pacifiques, et qui mettrait en pratique des mesures concrètes. La « dictature des bons » n'est pas réalisable. Les hommes savent depuis très longtemps, depuis qu'il existe un semblant de civilisation humaine, que l'agression joue un rôle essentiel en politique. Les démagogues le savaient bien avant que n'existe l'écologie. Hitler avait généralisé le slogan du Juif « responsable de tout ». Cette formule démagogique eut une influence inouïe sur la population. Les hommes éprouvent toujours le besoin de s'enthousiasmer pour atteindre un objectif commun. On peut se passionner pour toutes sortes de choses, pour des motos aussi bien que pour la science. Mais l'enthousiasme est soumis à certaines conditions : il faut que se constitue un groupe, une communauté d'intérêts qui s'engage dans un combat pour ou contre telle ou telle cause. Depuis que le tigre aux dents de sabre, menace réelle pour l'homme pendant la protohistoire, n'existe plus, nous manquons d'ennemis véritables à combattre. Ce qui se passe dans la tête d'un être humain change selon qu'il s'agit de combattre un adversaire politique ou un mammouth. Le combat a toujours quelque chose à voir avec la guerre, il en est très proche et tout aussi néfaste. Si l'humanité voulait à nouveau se précipiter dans une guerre mondiale, je souhaite un moindre mal : que ce soit une guerre mondiale contre la destruction de l'environnement.

Armes nucléaires et énergie nucléaire

Quel est votre sentiment sur les armes nucléaires et sur l'énergie nucléaire[1] ?

Il n'existe à peu près rien dont je fasse aussi peu de cas. Ces aberrations de l'esprit humain constituent la chose la plus abominable que l'évolution de la civilisation ait livrée aux hommes depuis l'invention du coup de poing en pierre taillée, avec lequel tout a commencé.

Je ne puis m'empêcher d'argumenter en tant qu'éthologue : la société humaine se comporte comme celle des rats. Au sein d'un clan fermé, les rats ont un comportement pacifique et même social. Mais s'ils rencontrent des congénères appartenant à un groupe différent du leur, ils s'entre-tuent et deviennent de vrais diables. On pourrait comparer l'état de notre terre à celui d'un bateau où tout a été dévoré par les rats, et où le nombre d'agressions augmente. Après le grand massacre, il reste toujours assez de rats, nous en avons fait l'expérience, pour conserver l'espèce. En ce qui

1. Question posée avant l'accident de Tchernobyl.

concerne les êtres humains qui se battent avec des armes nucléaires, ce n'est nullement certain.

Certains anthropologues qui ont fouillé dans les ossements et dans la vie de l'australopithèque, notre ancêtre africain, sont parvenus à la conclusion que nous avons hérité d'eux une nature de prédateur : ils assuraient leur survie en chassant du gros gibier, ce qui impliquait une mort brutale. Mais l'homme, en fin de compte, est un omnivore inoffensif et il n'était pas armé pour se défendre contre les dangers auxquels il était exposé, n'étant doté d'aucune arme particulière, ni défenses, ni griffes épouvantables, ni rien d'approchant, contrairement aux vrais prédateurs comme les lions ou les loups, qui vivent en hordes et sont dotés d'armes terribles, de telle sorte qu'ils ont en eux des seuils d'inhibition innés, les empêchant de faire usage de ces instruments de mort efficaces au sein de leur espèce, exception faite des combats entre rivaux, ou en cas de défense contre une horde étrangère. Si ce seuil d'inhibition n'existait pas chez ces animaux, ils se seraient exterminés depuis longtemps.

L'homme est différent : sans armes naturelles, il ne pouvait pas massacrer les membres de son espèce, et il lui était, semble-t-il, difficile de mordre et de griffer à mort. Cela aurait pris trop de temps, et la victime se serait enfuie. Pour cette raison, il n'existe pas chez l'homme de mécanismes de blocage contre les coups meurtriers portés à un autre, ces mécanismes étant inutiles à l'origine. Mais par la suite l'évolution donna à l'homme le coup de poing taillé dans la pierre. Avec cette arme qui lui était extérieure, il devenait possible d'écorcher le voisin et de le réduire en bouillie.

Il se trouve que la condition d'être humain est caractérisée non seulement par le don d'invention, mais aussi, grâce à Dieu, par une certaine responsabilité, l'importance relative de ces deux aspects étant à peu près équivalente. L'homme de jadis se demanda s'il était juste d'abattre, pour un moment de mauvaise humeur, un membre de sa race avec lequel il s'entendait plus ou moins bien. Si le cerveau humain n'était pas capable de se poser des questions et d'y répondre, les hominidés n'existeraient plus depuis longtemps. Mais cette responsabilité morale ne suffit pas à garantir que l'humanité ne se détruise pas un jour : je pense aux armes nucléaires.

Bien que les engins de mort aient pris un essor incroyable depuis l'invention du coup de poing, le développement de l'« inhibition de meurtre » ne s'est pas fait dans la même proportion, notamment parce qu'il est devenu beaucoup plus facile de tuer. L'homme qui plie le doigt sur la détente ou qui appuie sur un bouton rouge n'est plus confronté directement à l'aspect terrifiant de son acte. Il ne se trouve plus dans cette situation qui lui met les nerfs à vif et le fait hésiter : sa victime est à une distance de cent mètres ou plus et il ne voit pas directement l'horreur ; il ne voit pas la balle déchirer le ventre de l'ennemi potentiel, qui appartient pourtant à sa propre espèce, ni les viscères qui jaillissent. Peut-être une comparaison nous aidera-t-elle à comprendre : imaginons que des chasseurs partent à la chasse, vêtus de leur habit vert mais sans armes, sans fusils, sans même un arc ni des flèches. Un lièvre déboule. Quel être sain d'esprit aurait le cœur de tuer à mains nues cet animal aux grands yeux, aux longues oreilles et au pelage si doux, malgré ses griffes et ses dents ?

L'acte de tuer ne trouve de justification rationnelle que si on peut se protéger émotionnellement contre toutes ses conséquences tangibles. C'est devenu plus facile que jamais. Des pères de famille, des gens parfaitement corrects, aimant leur femme et leurs enfants, ont réussi sans difficulté à faire exploser des milliers de bombes pendant la guerre, faisant périr d'une mort atroce des centaines, voire des milliers d'enfants et d'adultes. Cela se passait si loin d'eux ! De l'avion, on ne distinguait que des îlots enflammés dans la nuit noire... Et maintenant nous en sommes à la bombe atomique.

Je mesure le niveau de bêtise des hommes, qui ne sont pas capables de tirer quoi que ce soit de positif d'une chose franchement négative. Pourtant je n'arrive pas à croire que les grandes puissances entameront une guerre atomique. Elles sont trop avisées. Si l'une d'entre elles commence, l'autre ripostera avant même que l'une des deux fusées ait seulement touché le sol. Le but de l'offensive n'est plus aujourd'hui de conquérir une région particulière et d'en faire disparaître les habitants, ce dont le vainqueur ne retirerait aucun avantage. Le rayonnement atomique libéré reste dangereux, mortel pour l'humanité, pendant une période d'environ vingt mille ans, donc pour la quasi-éternité. Dans les zones touchées, on ne pourrait ni respirer, ni boire, ni cultiver la terre. La connaissance de ces faits empêche les puissants de ce monde de franchir le pas, pour un bon moment encore, car eux-mêmes ne veulent pas vivre avec leur famille, leurs enfants et leurs petits-enfants dans un bunker de protection antiatomique à quarante mètres sous la terre. Ils préfèrent habiter leurs villas en Floride, ou leurs datchas sur la mer Noire.

Il me semble improbable que l'humanité périsse, à court terme, du fait des armes nucléaires, plutôt que par suite d'autres catastrophes, qu'elle aura elle-même mises en scène : la pollution de l'environnement par les produits chimiques, la surpopulation, ou l'exploitation à courte vue des énergies fossiles. Nous ne pouvons pas exclure qu'un psychopathe, dont l'état maladif n'aurait pas été diagnostiqué, parvienne au bouton rouge et appuie dessus, ou bien qu'un malentendu minime détermine l'autre puissance mondiale, placée dans une situation de stress, à faire un pas irréversible. A mon avis, le danger potentiel de la « bombe » constitue, parmi les dangers menaçant l'humanité, celui dont il est le plus facile de se garder. Le problème est simple : il suffit de ne pas fabriquer de bombes atomiques, ou de ne pas les tenir en état d'être utilisées. En ce qui concerne les autres dangers, celui de la surpopulation par exemple, le problème n'est pas facile à résoudre. Quoi qu'il en soit, l'armement nucléaire nous a déjà porté préjudice, même si l'effroyable puissance de destruction de ces machines infernales n'a encore jamais été vraiment utilisée : le seul fait qu'elles existent crée chez les habitants des pays civilisés un climat de fin de monde, un malaise de la civilisation, parce que les gens se demandent constamment combien de temps le monde continuera d'exister.

Personnellement, avez-vous peur de la bombe atomique ?

J'ai maintenant plus de quatre-vingts ans, et derrière moi, une vie belle et bien remplie, passée aux côtés de ma chère Gretl. Je mourrai dans les dix ou quinze prochaines années. Malgré tout, je me réjouis de chaque jour de soleil, comme les oiseaux qui chantent dans mon jardin. J'ai peur pour mes enfants, mes petits-enfants et mes arrière-petits-enfants. Plus exactement, j'ai peur de la démoralisation de l'humanité qui risque de l'entraîner vers une fin lente et douloureuse.

La fin dramatique de l'humanité par la bombe atomique serait beaucoup plus rapide, mais n'irait pas non plus sans souffrance. L'homme moderne aimerait détenir un « coup de poing » pour frapper sur le crâne de son voisin s'il devenait par trop désagréable. L'agressivité constitue une composante fondamentale du comportement humain. S'il n'y avait pas en moi le moindre instinct d'agression, je n'aurais pas envie de travailler, je n'aurais pas d'ambition, je ne me laverais ni ne me raserais. Lorsque j'étais prisonnier de guerre en Russie, je vivais avec un de mes collègues médecin dans une baraque exiguë. Nous devions opérer toute la journée, raccommoder des corps écorchés et déchiquetés. Ces situations stressantes augmentaient mon agressivité. Il suffisait d'un mot pour que nous soyons prêts à sauter à la gorge d'un ami cher et honnête. Un soir, je suis sorti de la baraque et j'ai piétiné un bidon d'essence vide : j'avais simplement besoin d'un exutoire, pour ne pas m'en prendre à mon ami, dans ma rage. Pour maîtriser une telle réaction, il faut analyser la cause de son agressivité et la mesurer aux conséquences.

Lorsqu'on observe des enfants de deux ou trois ans, on remarque avec quelle insouciance ils essayent de soulever du sol de lourds objets dans le seul but de se les jeter à la tête les uns des autres. Cette attitude provient du fait qu'aucun frein moral instinctif ne les retient. Il en allait sans doute de même pour le premier Caïn qui tua son ami en le frappant avec une pierre taillée, sous l'effet de la colère. Il n'avait pas conscience de ce qu'il faisait et fut sûrement très malheureux après son acte. Le même phénomène s'observe chez les animaux supérieurs.

Un jour, dans un zoo de Munich, un éléphant a grièvement blessé son gardien, par jeu et sans la moindre intention agressive. Lorsque le brave animal s'est rendu compte de ce qu'il avait provoqué, il est devenu très agité et s'est placé au-dessus de l'homme dans une attitude de protection. Malheureusement cela empêchait toute intervention médicale rapide ! Mon vieil ami le Pr Grzimek me raconta qu'un chimpanzé mâle en colère l'avait mordu à la main. Les morsures des chimpanzés peuvent faire des plaies effrayantes. Quelques secondes plus tard, une fois la colère passée, le chimpanzé essayait de presser l'un contre l'autre les bords de la blessure de Grzimek, pour stopper l'hémorragie.

J'espère que l'homme est devenu assez intelligent pour évaluer les causes et les conséquences des armes nucléaires, et pour ne pas brandir cette pierre taillée moderne contre son frère. S'il en était après coup désolé, il serait trop tard. Je fonde mon espoir sur le fait que l'homme maîtrise plus facilement l'instinct d'agression que, par exemple, la sexualité. L'amour a causé plus de souffrance dans le monde que les meurtres car, pour tomber amoureux de quelqu'un, on n'a pas besoin de stimulation particulière. Un déclic se produit, et on ne peut y opposer aucune raison logique.

Le danger atomique ne réside pas seulement dans les armes nucléaires, mais aussi dans l'énergie nucléaire. Dès les années 70, vous vous en êtes pris à elle et vous avez porté le badge « Nucléaire ? — Non, merci ».

J'augure mal de l'énergie nucléaire en tant que telle. Selon moi, le danger d'une catastrophe provoquée par les centrales nucléaires est proche, pour la raison suivante : les centrales nucléaires ne poussent pas d'elles-mêmes, comme des champignons. Il y a nécessairement un comité de gens intelligents qui élaborent des plans et les réalisent. Nous sommes confrontés au phénomène du groupe : tous ces messieurs très sensés en costume trois pièces rejettent — en tant que groupe, notons-le — toute faute collective en cas de mauvais fonctionnement ! Ils se comportent sans aucune morale et répandent dans le monde une source de danger qui, en cas d'accident, tuera sur le coup des centaines de milliers de gens et en fera souffrir et mourir des centaines de milliers d'autres dans les décennies qui suivront. Le refus de culpabilité du groupe se retrouve dans les comités des cartels de l'industrie chimique. Je comparerais cela à la peine de mort, lorsqu'elle doit être exécutée au moyen d'une piqûre de poison. Dans ce cas, il y a trois bourreaux au lieu d'un seul, mais une seule seringue contient la substance mortelle, les deux autres n'étant remplies que d'un placebo. Les bourreaux ne savent donc pas qui a administré la piqûre mortelle et se sentent déchargés de toute responsabilité morale.

Ceux qui construisent des bombes atomiques savent que ce sont des engins de mort, tandis que les centrales nucléaires sont censées servir des fins pacifiques. Le problème est là ! Les constructeurs de centrales nucléaires ne croient pas au danger réel présenté par leurs industries. Ils repoussent ces idées et prétendent qu'il ne se passera certainement rien, ou que « le nuage passera et filera ailleurs ». L'existence des centrales nucléaires projette l'humanité dans un cercle vicieux, car une centrale nucléaire produit tout un chapelet d'industries consommatrices d'énergie. Or une centrale atomique ne vit que vingt-cinq à trente ans et, à sa mort, une nouvelle centrale la remplacera.

Mais les déchets d'une centrale nucléaire demeurent dangereux — comme la bombe atomique — au-delà d'une période de vingt mille ans. On ne peut pas continuer cet engrenage. Pour arriver à cette conclusion, je n'ai pas besoin de discussions économiques compliquées. N'importe quel enfant qui a appris le calcul des intérêts cumulés peut la comprendre.

L'Autriche, jusqu'à présent, est restée une « île des bienheureux ». Espérons que toutes les tentatives visant à faire construire une centrale nucléaire échoueront.

Il existe dans tous les Etats un certain nombre d'hommes qui ont conscience des dangers, ne serait-ce qu'instinctivement. Je souhaite parfois que l'Autriche, — peut-être est-ce ridicule d'attendre autant de ce petit pays ? — devienne un modèle en ce qui concerne la reconnaissance des dangers. Il se peut que ce souhait me soit soufflé par mon patriotisme. Je pense que l'Autriche, en son temps, a agi de façon exemplaire à propos du barrage de Hainburg. Tout le monde a cru que l'industrie et l'armée collaboreraient pour réprimer par la violence la volonté du peuple, mais au contraire, une solution a été trouvée, démocratique au sens le plus réel et le plus noble du mot. J'espère que la question des centrales nucléaires sera également résolue démocratiquement.

Que va-t-il se passer dans les pays qui possèdent déjà toute une batterie de centrales nucléaires ?

Personne ne peut répondre à cette question. Je ne trouve pas dans ma longue vie d'exemples adéquats auxquels je pourrais me reporter. Mais il s'est bel et bien déjà produit des pannes, dont on a pu lire le compte rendu, imprimé en tout petits caractères, dans les journaux, comme s'il s'agissait d'une annonce sans importance. Chaque centrale nucléaire est une installation hautement complexe. Je pense aux aquariums d'eau de mer qui sont eux aussi très élaborés : il y a toujours des déficiences, et la moindre faute minime, la moindre inattention dont on se rend compte trop tard, peut entraîner une série de morts catastrophique. Je ne crois pas à l'infaillibilité du pape, et je crois tout aussi peu que les mesures de sécurité empêcheront jamais un éventuel accident. Les hommes commettent des erreurs, cela fait partie de leur nature, comme de respirer. En ce domaine, les animaux sont parfois plus parfaits dans leur espace de vie. Les requins existent depuis des millions d'années, et se sont à peine — voire pas du tout — transformés au cours de cet énorme laps de temps, parce qu'ils se comportent si parfaitement dans leur espace de vie qu'une mutation est inutile. L'homme fait moins bien les choses. L'existence d'une centrale nucléaire implique un danger grave de dysfonctionnement et de contamination radioactive de l'eau et de l'air. Même les joyaux de la couronne d'Angleterre, ou certains tableaux d'une valeur inestimable, furent déjà volés malgré les mesures de sécurité : ils sont pourtant soumis à une surveillance plus sévère qu'une centrale nucléaire dans les pays de l'Est.

APRÈS TCHERNOBYL

Monsieur le professeur, nous avions parlé il y a quelques années de l'armement et de l'énergie nucléaires. A l'époque déjà, vous déclariez qu'on ne pouvait pas exclure qu'un accident se produise au niveau d'un réacteur, et c'est arrivé. Vous aviez raison.

Je ne pensais pas que cela irait si vite, et que j'aurais encore dans ma vie à exprimer mon avis sur cette question, avec ces nouvelles données. L'accident de Tchernobyl n'a pas été assez important, bien que des douzaines de personnes y aient trouvé la mort et que l'on ne sache pas combien de gens en subiront encore les effets par la suite. Mon propos semble paradoxal et sans aucune compassion pour les personnes touchées. Je ne veux pas dire que je souhaite la mort de davantage de gens, mais la catastrophe était d'une trop faible portée pour marquer un tournant dans la façon de penser des partisans des centrales nucléaires et de leurs constructeurs. Pour l'humanité, il faudrait qu'une catastrophe au niveau du réacteur condamne à mort tous les habitants de la ville de New York. Cette épouvantable démonstration serait peut-être suffisamment dramatique pour aboutir à un changement de conception. Il s'agit d'un problème éthique : mon père, qui était médecin orthopédiste et remettait sur pied des infirmes, était conscient que ce qu'il réalisait de positif pour un individu isolé était néfaste pour la collectivité. Si un million de personnes avaient perdu la vie à cause d'un accident nucléaire, cela eût été regrettable et déplorable, mais peut-être finalement mieux. Maintenant, les centrales nucléaires continueront à pousser comme des champignons, et même si l'on parle de mesures de sécurité plus performantes, le danger, au total, est toujours aussi grand. Je n'ai donc absolument pas modifié mon opinion en ce qui concerne l'énergie nucléaire. Les responsables, à l'avenir, comme jusqu'à présent, n'apprécieront pas ses dangers à leur juste valeur. Il y aura encore des centrales nucléaires.

Malheureusement, les médias, qui apportent jusque dans nos foyers les images affreuses de la dévastation à Tchernobyl, sont impuissants. D'une part, ils donnent l'impression que cela se passe très loin de nous, et d'autre part les autres mauvaises nouvelles sont trop nombreuses pour que chacun puisse mesurer exactement l'importance de celle-là par rapport aux autres. Le seul moyen vraiment efficace de pallier les méfaits de la radioactivité est de l'éviter d'entrée de jeu. Pour cela, une transformation de la pensée et de l'appréciation des valeurs est nécessaire. L'homme de la rue a le droit de savoir ce que font les puissants de ce monde. Il faut chercher des exemples qui expliquent les conséquences de leurs actes : si les Egyptiens avaient jeté des barres radioactives en fusion dans le Nil, l'eau du fleuve serait radioactive depuis déjà quatre mille ans et le resterait encore pendant seize mille.

Si certains ne le comprennent pas, il n'y a plus que deux choses à dire : « Père, pardonne-leur ! », et : « Sauvez l'espoir ! »

4

L'homme dans son monde

« L'homme, sans nul doute, présente un caractère très spécifique. C'est un blasphème de prétendre que les hommes sont *seulement* des mammifères de la famille des primates. Ils sont ce qui fait leur particularité, quelque chose d'autre que des mammifères, quelque chose de beaucoup plus intelligent, des êtres humains. »

Jeunes et vieux

Depuis toujours, l'ancienne et la nouvelle génération entretiennent des relations conflictuelles. En tant que personne d'un certain âge, en tant qu'être humain et en tant que scientifique, comment envisagez-vous ce problème qui touche toutes les sociétés ?

Les jeunes gens et les personnes âgées ont toujours été antagonistes : les générations les plus âgées défendent les principes conservateurs et la jeunesse est soucieuse de nouveauté, elle œuvre en faveur de la croissance et du développement. Ces deux éléments s'inscrivent dans l'évolution d'une civilisation, de même que sont indispensables dans l'évolution d'une espèce à la fois une constance et une modification du patrimoine héréditaire. Sans transformations, modifications génétiques ou révolutions culturelles, on aboutit à un fossile vivant, c'est-à-dire à un système vivant qui n'évolue plus.

Lorsque l'élément conservateur est absent, on obtient des monstres, des constructions difformes. La vie d'une espèce comme d'une civilisation — non une vie végétative, mais une vie saine — est tributaire d'un équilibre entre les éléments qui se modifient sous l'influence de la jeunesse, et les éléments conservateurs plus ancrés parmi les générations âgées. Il est plus difficile aujourd'hui qu'autrefois de maintenir cet équilibre, parce que l'évolution de la civilisation s'accélère constamment, de façon exponentielle : le fossé culturel entre les générations se creuse. Le danger d'une évolution trop rapide va toujours de pair avec celui, très grave, du démantèlement de la tradition. Aujourd'hui beaucoup de jeunes ne sont plus conscients de l'importance de la tradition, ils ne savent plus combien le savoir ancestral est nécessaire au bon fonctionnement de la vie culturelle et sociale d'un Etat ou d'un peuple. D'un autre côté, trop de personnes âgées s'opposent au moindre changement, attitude tout aussi négative. La jeune et l'ancienne génération n'aiment pas entendre dire qu'elles constituent à elles deux une combinaison d'harmonie dite équipotentielle qui doit maintenir un équilibre permettant au système vivant de perdurer, car une culture est un système vivant au même titre qu'un organisme, ou une espèce...

La situation est plus difficile qu'autrefois pour la jeunesse, et les personnes âgées le comprennent mal. Or l'antagonisme entre les générations est dangereux et peut conduire au déclin de notre civilisation. Les jeunes doivent essayer de ne pas aller trop loin dans leur rejet des adultes. Mais on ne leur facilite pas la tâche, et je conçois que la tentation soit grande. Les jeunes gens remarquent très vite que la société actuelle n'est pas gouvernée et dirigée par des personnages forcément dignes de confiance.

Aujourd'hui, aucun gouvernement n'est vraiment le maître à bord, ce sont les *lobbies* (groupes de pression) qui mènent le jeu, lobbies des hommes d'argent et aussi des hommes politiques qui sont souvent les mêmes. Les individus qui composent ces groupes de pression sont des spécialistes, des professionnels dans leur domaine, totalement dépourvus de morale.

Prenez n'importe lequel de ces messieurs d'une multinationale, vous vous trouvez en face d'un brave homme solide et rangé que je désignerais sans hésiter comme tuteur de mes enfants si je venais à mourir. Mais lorsque soixante personnes de cet acabit siègent dans un comité, elles se comportent au total comme un gangster. Chaque personne prise individuellement est un vieux monsieur charmant, à qui on peut faire une confiance aveugle. Mais, tous ensemble, ils élaborent des projets d'usines, qu'ils réalisent ensuite, usines dangereuses, nuisibles à l'environnement. Aucun de ces braves hommes ne s'est jamais repenti au point de mettre fin à ses jours, puisque aucun ne se sent responsable des décisions prises en commun. Il en va ainsi dans le monde entier.

La bêtise collective de ces gens constitués en lobbies n'est pas si grande qu'ils ne reconnaissent pas les dangers de leurs actes, ces gens ne sont pas non plus si vils qu'ils souhaitent faire périr leurs propres petits-enfants — par asphyxie, par empoisonnement, par la radioactivité ou par une autre de ces belles choses qui existent sur la terre. Mais ils ne croient pas à la *réalité* du danger.

Sur un point, la jeunesse actuelle est plus désavantagée que celle d'autrefois : elle souffre de l'urbanisation croissante. Où trouve-t-on encore des enfants qui peuvent vivre, comme moi jadis, dans un jardin peu entretenu, en contact étroit avec les animaux et les plantes ? Voilà pourquoi j'étais, et je suis encore, si heureux. De là vient également ma passion pour les animaux. Actuellement, la méconnaissance des valeurs essentielles, qui atteint des proportions effrayantes parmi les plus jeunes générations, est à mettre en relation directe avec le fait que presque tous les hommes sont des citadins.

Pensez au jeune garçon habitant une grande ville américaine : où ce pauvre diable aurait-il pu contempler une chose belle et admirable ? Les voitures, les gratte-ciel sont les œuvres les plus élevées et les plus complexes auxquelles il a affaire. Il ne faut pas lui en vouloir s'il n'estime pas qu'un arbre est beau ! C'est un organisme qu'il ne connaît pas, avec lequel il n'a aucune relation, aucune affinité.

Quel remède apporter à cela ? Il faut d'abord sortir les gens des villes. Il faut qu'un être humain connaisse la beauté de la forêt, de la mer, de tout paysage que l'homme a laissé intact. Il faut qu'il sache combien la nature est belle. Les enfants, dès leur plus jeune âge, doivent être mis en contact avec la nature, avec les animaux et, si cette relation avec la nature s'avère impossible à réaliser, je croirais volontiers que la musique constitue un remède de substitution. Il s'agit de rendre les êtres humains sensibles à la beauté, quelle qu'elle soit. La sensibilité à la musique va souvent de pair avec la sensibilité à la beauté de la nature. Il est indispensable de montrer aux enfants, même tout jeunes, des choses belles et dignes d'admiration afin qu'ils ne deviennent pas insensibles à certaines valeurs. Toutes les mères de famille peuvent le faire. Elles savent par leur expérience de ménagère que le papier-monnaie ne se mange pas, et elles ne peuvent pas dépenser plus d'argent que celui que leur budget leur offre, de même qu'aucun système vivant n'a le droit de consommer plus d'énergie qu'il n'en fabrique, sans quoi il meurt. Or la seule ressource inépuisable dont notre planète bénéficie est le rayonnement du soleil.

Malheureusement cette réalité ne représente même pas une évidence pour la plupart des adultes et il leur est d'autant plus difficile de transmettre à leurs propres enfants de façon crédible ce qu'ils ne savent pas ou du moins n'acceptent pas. Pourtant, la facilité et l'inconsidération avec lesquelles on fait usage des combustibles fossiles devraient en constituer un exemple clair. Le raisonnement est si simple que tous les écoliers peuvent le comprendre. Le gaz naturel, le pétrole et le charbon ne sont rien d'autres que les produits des forêts vierges de la protohistoire, qui purent se constituer grâce à l'alimentation solaire et s'enfoncèrent sous la terre par suite de processus géologiques. Les sociétés du bien-être, en Europe et en Amérique, se sont mises à exploiter ces réserves de la façon la plus inconséquente, pour en tirer des profits colossaux. Mais combien de temps cela va-t-il durer ? Les entreprises multinationales et leurs brillants ingénieurs mettent au point les moyens de production — c'est-à-dire les méthodes d'exploitation — les plus lucratifs, mais ne réfléchissent pas au fait que leur capital, qui dort sous la terre depuis des millions d'années, est limité et arrivera un jour à épuisement. Sans parler des nuisances faites à l'environnement, avec quoi se chaufferont-ils ensuite ? Avec leurs billets ?

Les personnes ignorantes de certaines valeurs ont toutes vécu une enfance éloignée de la nature. Quiconque a un jour pénétré sous la mer dans un récif corallien ou chassé dans une forêt vierge, ne pourra pas devenir un homme d'affaires insensible aux valeurs essentielles.

Jusqu'à présent, l'évolution de la civilisation était

déterminée par la conservation de l'acquis, démantelé et révolutionné par les générations successives. Je ne veux pas dire par là qu'entre les vieux et les jeunes, les choses se répètent indéfiniment. Partant du principe que « rien de ce qui est n'a déjà été », on peut dire que la situation actuelle de l'humanité face à ces problèmes de génération est tout aussi unique qu'elle l'a été dans l'histoire. A ceci près : actuellement, la plupart des civilisations ont perdu leur particularité. Si les Noirs, les Japonais ou les Indiens n'avaient pas conservé leur pigmentation et leur physionomie caractéristiques, ils seraient, à partir du moment où ils vivent dans les grandes villes, pratiquement interchangeables. Les usages en matière d'habillement et de comportement se ressemblent de plus en plus sur tous les continents. Cette évolution touche particulièrement la jeunesse. Jamais, par le passé, les jeunes n'avaient présenté autant de caractères identiques qu'aujourd'hui : les jeux informatiques, les T-shirts, la télévision, la pop music, tout cela est international. Jamais la jeunesse n'avait pris ses distances si rapidement, et dans autant de continents, vis-à-vis des générations plus âgées encore enracinées dans la tradition. Mais surtout, les jeunes le font de la même façon, ensemble, grâce aux mêmes intérêts. Cela me fait un peu peur.

Toutefois, le fait que les plus jeunes se différencient des plus âgés est un processus normal. D'un point de vue scientifique, cela est motivé, entre autres choses, par l'agressivité. Je le sais, l'ayant moi-même observé autrefois dans mon institut à Seewiesen. Toutes sortes de jeunes gens y passaient ; ils portaient les cheveux longs, une barbe hirsute, allaient les pieds nus et étaient bleus de la couleur de la toile de jean dont ils étaient vêtus de haut en bas. Cela dura longtemps. Un jour, je me suis surpris en train d'enfiler un costume de gala, avec complet et cravate, avant de me rendre à un colloque. J'avais pour ainsi dire déterré la hache de guerre et revêtu les ornements qui le signifiaient... que j'ai retirés aussitôt, un peu honteux. C'est ni plus ni moins la même chose que lorsque deux tribus indiennes rivales, chacune arborant ses peintures et décorations spécifiques, se dressent l'une en face de l'autre pour s'impressionner mutuellement. En d'autres termes, la jeunesse actuelle prend ses distances par rapport aux générations plus âgées, comme si les uns et les autres appartenaient à un groupe ethnique différent. Cette incompréhension réciproque, la façon de s'habiller différente n'en traduisant qu'un aspect, a pour conséquence que les deux générations se sentent rapidement étrangères l'une à l'autre, ce qui n'est pas sans danger.

Les jeunes gens sont particulièrement sensibles et réceptifs aux discours des démagogues. C'est dans la nature des choses, à cette période de leur vie où les jeunes êtres humains s'éloignent du foyer parental. Ils souhaitent à tout prix être différents, ne pas faire la même chose que leur père qui, chaque matin, rituellement, prend son petit déjeuner, se rend au bureau et se réfugie le soir, exténué, devant la télévision.

A cette phase de leur développement, les jeunes gens présentent une tendance exagérée, presque une manie, à se joindre à un groupe d'un style complètement différent. Et s'il n'en existe pas, on le crée. En fin de compte, ces groupes visent à créer leurs propres lois, et également à se révolter contre d'autres groupes, et aussi, éventuellement, contre Dieu et le monde entier. Cela fait naturellement des jeunes une proie facile pour les propagandistes, les démagogues et les sectes de tout poil.

La majorité des enfants élevés dans des familles bourgeoises aisées ont une réaction de rejet négative lorsqu'ils ont été particulièrement gâtés. Les jeunes comprennent très vite que la foi illimitée en la croissance économique, l'adoration de l'argent, sont des principes faux, auxquels leurs parents croient dur comme fer, alors qu'ils mènent à une impasse. Cette prise de conscience peut conduire certains au désespoir et à l'autodestruction. Ils manquent de modèles véritables. Le père n'en est plus un. Il souffre d'ulcères à l'estomac dus au stress provoqué par son travail, et il n'a pas le temps d'être à l'écoute de son fils ou de sa fille. Les jeunes gens ne se reconnaissent plus de modèles au sein du gouvernement. La démocratie fonctionne mal, même si je sais qu'elle constitue encore la meilleure forme de gouvernement qui existe. Aldous Huxley a transcrit le *panem et circenses* des Romains : « Donnez-moi des hamburgers, du Coca-Cola et la télévision, et laissez-moi tranquille pour l'amour du ciel, épargnez-moi vos discours sur la responsabilité et la liberté ! » Les jeunes sont purement et simplement gavés, saturés, à tout point de vue, par la société de consommation actuelle, qui favorise l'apathie. L'ennui presque pathologique de la jeunesse actuelle à l'âge de la puberté peut mener à de graves dépressions qui se terminent parfois par un suicide. A certains égards, les tentatives de suicide ratées (c'est un peu macabre !) présentent un aspect positif. Je connais un professeur enseignant à des aveugles. Certains de ses élèves s'étaient tiré une balle dans la tête dans l'intention de se suicider, et, ce faisant, avaient sectionné le nerf optique, mais n'étaient pas morts. Aucun d'entre eux n'avait fait une autre tentative pour mettre fin à une vie pourtant bien gâchée. Au contraire ils étaient beaucoup plus équilibrés et plus heureux qu'avec l'intégrité de leurs moyens physiques. Des êtres humains qui souffrent d'un ennui « mortel » parce qu'ils manquent de modèles auxquels s'identifier ont seulement besoin d'une épreuve difficile pour retrouver un sens à leur vie.

Nos ancêtres avaient d'autres problèmes dans le quotidien. Leur existence s'équilibrait beaucoup mieux entre les expériences douloureuses et les plaisirs. Ces deux aspects étaient à l'ordre du jour. Ceux qui ont vraiment eu faim un jour dans leur vie savent (j'étais en captivité en Russie, et je crois pouvoir en être juge moi-même) quel cadeau divin est la possibilité de disposer de nourriture sans restriction. Actuellement, les animaux sauvages vivent encore avec ces lois. Pour attraper une proie, l'animal qui chasse s'accommode d'actions peu agréables : il court dans la neige profonde ou saute dans une eau glaciale, etc. Repu, il ne déploierait pas volontairement un tel effort. C'est la faim qui le pousse à affronter ces désagréments : la faim est son aiguillon. Mais l'animal est calculateur : l'effort et le gain obtenu doivent s'équilibrer. Par une nuit glaciale, une chouette effraie ne peut pas se permettre d'aller chasser les souris négligemment. Ses attaques sont bien calculées et doivent atteindre leur but. Si elle tournoyait constamment sans objectif précis, elle dépenserait plus d'énergie que son alimentation ne pourrait lui en fournir, et elle finirait par tomber, épuisée. Nos lointains ancêtres étaient presque constamment occupés à se procurer de quoi manger, et devaient estimer précisément si tels efforts et telles expéditions seraient récompensés par un ventre plein. Ce n'était pas un péché de manger à s'en faire éclater la panse. En effet, on ne savait pas quand aurait lieu le repas suivant. Beaucoup de réactions considérées aujourd'hui comme peu recommandables étaient jadis des vertus indispensables à la survie : la lâcheté par exemple. Mais les premiers philosophes savaient déjà, alors que le sort de l'humanité s'était considérablement amélioré, qu'il n'était pas souhaitable d'aspirer à éviter tout désagrément ou effort, et à ne se procurer que des plaisirs sans peine. A notre époque, le progrès technique offre pratiquement dans tous les domaines des chemins aisés qui font de nous des esclaves du confort ; amollis, las de l'action et de la vie. Cet état pèse avant tout sur l'âme des jeunes gens.

Surpopulation

Pour vivre, l'homme a besoin de toujours plus d'espace, et la surface des zones naturelles inoccupées se réduit. Cette évolution de notre espèce est-elle sans issue ?

Un ami d'origine turque, professeur d'économie à San Francisco, a eu un jour la formule lapidaire suivante : parmi les dangers qui menacent l'humanité actuelle, il n'en est pas un qui ne résulte en dernière instance de la surpopulation, de même qu'il n'en est pas un qui puisse être évité autrement que par l'éducation. Je ne puis que m'associer sans réserves à son point de vue. Comment pourrions-nous maîtriser cette funeste évolution ? La solution n'a pas encore été trouvée et pose l'un des problèmes les plus difficiles à résoudre, parce que les questions d'éthique y tiennent une place considérable.

Une croissance exponentielle dans un espace fini mène fatalement, tôt ou tard, à la catastrophe, assortie de cette grave question : « Quand atteindrons-nous la limite ? » Il est impossible d'y répondre, nous ne pouvons qu'affirmer que cet événement se produira un jour.

On cherche à trouver des remèdes, mais souvent ces mesures sont inopérantes, non seulement en apparence, mais aussi effectivement. Le même constat peut être fait dans le domaine de la médecine. La médecine, depuis fort longtemps, est en mesure de déceler avec précision les causes des maladies, mais elle se révèle ensuite inapte à les faire disparaître. L'humanité est sans recours lorsqu'un nouveau virus apparaît. La situation actuelle, où sévit le sida, est vraiment dangereuse. Nous ne savons pas si cette maladie sera la peste de notre siècle et du prochain millénaire, ou bien si une autre maladie décimera la population à l'échelle mondiale. Mais nous n'avons pas le droit d'espérer qu'un tel événement aide à endiguer la surpopulation !

Des journalistes m'ont souvent posé la question suivante : « La race humaine se comporte-t-elle comme celle des lemmings[1] ? » A quoi j'ai toujours répondu : « Absolument pas ! Le lemming émigre par nécessité, lorsqu'il s'est reproduit à l'excès, mais, au contraire de l'être humain, il ne dévaste pas la région où il vit et dont il vit. »

Les espèces animales nous fournissent de bons exemples de catastrophes provoquées par la surpopulation, et évitées. Un contrôle de la population résulte de la délimitation d'un territoire. Souvent les animaux ne s'accouplent pas tant qu'ils n'ont pas trouvé un territoire approprié. Prenons l'exemple du lapin : des mécanismes inhibiteurs, qui peuvent même faire dépérir un embryon dont la croissance a déjà commencé, se sont développés chez cet animal. Ils interviennent en cas de surpopulation locale. L'importance de la popula-

1. Race de rongeurs dont les migrations massives, dues à la surpopulation, sont souvent considérées comme des suicides collectifs. *(N.d.T.)*

tion de lapins dépend également directement des animaux à qui ils servent de nourriture, les loups par exemple. Lorsque les lapins abondent, les loups ne se constituent pas en hordes, toutes les louves peuvent être fécondées et les petits sont nombreux parce qu'il y a de quoi les nourrir tous. Lorsque les lapins se raréfient, des hordes se forment parce que les loups sont obligés de s'attaquer à des proies plus importantes, les élans par exemple. De plus, les loups possèdent une structure sociale très complexe dans leur vie en communauté. La première louve occupe le rang le plus important dans la horde, et elle seule peut s'accoupler, si bien qu'une seule portée naît dans l'année. Les naissances sont ainsi contrôlées afin qu'aucun animal ne soit sous-alimenté ou ne meure de faim.

Un contrôle des naissances ne serait-il pas indiqué chez les hommes pour maîtriser la surpopulation ?

Cette question nous conduit à un véritable dilemme. Elle m'a déjà beaucoup préoccupé, mais, d'une certaine façon, elle mène à une contradiction insoluble. En fait, tout ce que l'humanisme nous enjoint de faire en ce domaine va à l'encontre d'un éventuel contrôle des naissances. Le commandement suprême de la science, des médecins, exige de mettre en œuvre tous les moyens existants pour sauver un bébé prématuré. De même, il est contraire à notre éthique de supprimer par avortement la vie d'un être humain pas encore né, car il ne s'agit pas seulement d'un quelconque embryon mais d'un être humain, qui n'a pas achevé son développement. La solution qui préconise le contrôle des naissances devient purement théorique, parce qu'on ne peut pas en prendre la responsabilité morale. Dès que le contrôle des naissances est prescrit et réglementé par un gouvernement au pouvoir, il devient un instrument affreux de pouvoir autoritaire, et nous ne sommes pas loin, à nouveau, des faits épouvantables imposés par un gouvernement comme celui d'Adolf Hitler.

Face à ce problème, nous sommes enfermés dans des systèmes de valeurs auxquelles tout homme est soumis, inculquées par le contexte familial et culturel. Mon père, qui avait cinquante-cinq ans de plus que moi, avait conscience que, en médecine, ce qui était bon pour l'individu isolé ne l'était pas pour l'espèce. Si vous débarquez dans un pays tropical comme médecin, comme infirmière ou comme coopérant, vous ne pouvez pas faire autrement, par décence, que de diminuer le taux de mortalité des enfants. Lorsque vous voyez ces enfants avec des ventres gonflés par la faim, qui n'ont plus que la peau sur les os et sont affligés de maladies très graves, maladies des yeux par exemple, vous leur tendez jusqu'au dernier bout de pain de vos provisions.

Si j'arrivais en tant que médecin dans un village d'Indiens ou de Noirs, je ferais de même, car ne pas le faire reviendrait à me suicider. Lorsque nous enfreignons nos propres convictions morales, nous nous nuisons tellement à nous-mêmes que nous allons à notre perte. Pour un médecin, ne pas secourir des malades équivaut à se suicider, malgré les graves préjudices que peut provoquer une diminution du taux de mortalité à la naissance chez un groupe humain. Dans ces régions désertiques où, depuis des millénaires, des hommes vivent et tirent leur nourriture du sol ingrat, il est acquis comme naturel que la mortalité infantile atteigne une proportion que nous, Occidentaux, jugeons disproportionnée. Lorsque trop d'enfants survivent, les souffrances de la collectivité dans un tel village s'accroissent, parce que les sols et les points d'eau ne suffisent pas et ne peuvent faire vivre plus d'habitants. Pendant très longtemps, ces peuples se sont tirés d'affaire sans nous. A partir du moment où nous avons commencé à nous implanter, nous ne pouvons plus revenir en arrière, pour des raisons morales. C'est un cercle vicieux !

Nous en venons au catholicisme, au fait religieux. En abordant ce thème, je ressens, je l'avoue, un déchirement, une contradiction. Je ne suis pas croyant, mais j'accepte tous les commandements moraux du christianisme, et en ce sens, je me sens chrétien. Je n'éprouve pas non plus de ressentiment ou d'agressivité envers le christianisme, parce que j'ai vécu dans deux foyers qui reconnaissaient la morale chrétienne, bien que personne n'ait cru à une vie après la mort, mes parents ni mes beaux-parents.

Je ne crois pas à l'infaillibilité du pape. C'est un homme respectable, désirant le bien, et qui estime devoir, pour des raisons éthiques et religieuses, prêcher contre l'utilisation des moyens de contraception, y compris dans le tiers monde. Par ailleurs, il sait sûrement qu'il fait ainsi le jeu du diable, et il en souffre. Le pape s'est compromis en recommandant indirectement aux plus pauvres parmi les pauvres de continuer à mettre des enfants au monde en nombre illimité. Qui les nourrira ? Je pense également aux missionnaires qui sont allés jusque dans les coins les plus reculés de notre terre pour sauver des âmes. Ce sont des personnes parfaitement respectables. Quand on rencontre un de ces missionnaires, on constate combien il est admirable et bon. Mais ces gens ont fait la pire des choses que l'on puisse faire à des peuples primitifs. Ils ont une part importante de responsabilité sur le sort actuel des Papous, arrachés à leur culture millénaire et à leur culte de la nature, et qui portent aujourd'hui des T-shirts estampillés Coca-Cola et possèdent une radio portative au lieu d'un arc et de flèches. L'Occident n'a pas trouvé de compromis entre les prescriptions d'ordre moral et les impératifs scientifiques.

Si l'on veut lutter efficacement contre l'explosion démographique, que faire sans qu'il soit porté atteinte à la morale, cette vertu si précieuse qui caractérise le fait humain ? La clé de cette énigme n'a pas encore été trouvée.

Le processus semble plus élémentaire chez les animaux. Il existe chez eux une sorte d'homosexualité naturelle. Deux pigeons placés ensemble dans une cage s'accouplent immédiatement. Ils aménagent même un nid. On sait qu'il s'agit de deux femelles après avoir constaté qu'elles ne pondaient pas d'œufs. Chez les chiens aussi, il arrive que deux mâles simulent un accouplement. Une homosexualité particulièrement marquée existe quelquefois chez les oies. Elles se lient d'amitié et vivent comme un couple. Elles accomplissent tous les rites du compagnonnage et restent parfois fidèlement liées l'une à l'autre pendant dix ans. Ce phenomène existe chez les espèces les plus diverses sous mille formes différentes.

Nous devrions être favorables à tout ce qui s'oppose à la surpopulation, mais l'homosexualité n'est certainement pas une solution ! Dans le cas de l'être humain, « le plus intelligent des mammifères », tout est plus compliqué, du fait qu'il est un être de culture.

Une augmentation progressive de la population est un phénomène de compensation positive. La croissance devient d'autant plus importante que l'espèce est plus avancée. La matière organique prend possession de l'énergie, qui assure sa croissance, et par sa croissance, elle peut s'emparer d'une quantité d'énergie encore plus importante. Ce processus mène rarement à la catastrophe (la prolifération d'une espèce représente un phénomène exceptionnel), parce que les forces anorganiques maintiennent les formes de vie dans certaines limites.

Un arbre, par exemple, n'a pas une croissance linéaire du type : 1, 2, 3,... 23, mais : 2, 4, 8, 16, parce qu'il pousse dans tous les sens en prenant à peu près la forme d'un cône. Or une croissance conique est limitée dans le temps. Le vieux proverbe « Aucun arbre ne pousse vers le ciel » le dit bien. Un quelconque mécanique biologique fait en sorte qu'un arbre qui a trop poussé en hauteur finit par tomber. L'équilibre est particulièrement important. La souris est dépendante de la belette, qui se nourrit de souris. Si les souris vivaient seules au monde, elles périraient, étouffées par l'excès de souris. Une population de belettes en nombre excessif se heurterait aux mêmes difficultés, parce qu'il n'y aurait pas assez de souris pour les nourrir. Il est souhaitable que s'équilibrent deux espèces dépendantes l'une de l'autre. Dans ces conditions, le système peut continuer à fonctionner longtemps. Cette assertion vaut pour la souris et la belette, mais aussi pour un arbre empêché de trop grandir parce que la structure statique de la construction portante ne peut pas dépasser un certain niveau.

Il existe cependant une exception de taille : aucune loi naturelle ne s'oppose à ce qu'une entreprise industrielle ne prenne de trop grandes proportions et ne soit trop expansionniste. Rien ne s'oppose à ce qu'une entreprise industrielle ne pousse vers le ciel. Il faut voir là l'une des menaces les plus inquiétantes pour l'humanité. Karl Marx a raison de dire que la grande entreprise mange toujours la petite. Cela condamne à mort l'artisan. Un cordonnier ne peut pas s'imposer face à une fabrique de chaussures et fera inévitablement faillite. Presque tous les groupements en croissance progressive constante mènent à la mort, en particulier dans le domaine économique. Deux concurrents, quels qu'ils soient, fabricants de chaussures ou de jouets, ou appartenant à d'autres cartels industriels, se livrent un combat destructeur.

La lutte à mort existe également dans le domaine animal, par exemple dans le combat entre rivaux. Chez de nombreuses espèces, cette rivalité se passe sans effusion de sang. Toutefois, chez certaines espèces de singes, le nouveau chef du groupe élimine tous les petits engendrés par son prédécesseur, parce qu'il veut avoir de la place pour sa propre progéniture. On observe le même phénomène chez les lions. Un nouveau pacha tue tous les nouveau-nés, afin que les lionnes lui soient plus rapidement dévouées. Ces mœurs nous paraissent cruelles, mais cette façon d'agir n'est pas dénuée de sens. Les individus les plus forts et les plus rapides réussissent à s'imposer, ce qui contribue à maintenir l'espèce saine.

Lorsqu'il s'agit de rivalité entre entreprises industrielles, les choses sont différentes : un trust qui supprime des petits concurrents et qui a pris la première place, n'est en aucune façon meilleur. Il n'a pas acquis plus d'humanité, il n'a rien apporté à notre espèce.

Certains groupements industriels n'ont-ils pas été les premiers à conquérir des territoires nouveaux, encore intacts ?

C'est tout à fait vrai, et l'on n'y pense pas assez. On néglige cet élément, pourtant déterminant.

Les premiers à pénétrer dans les zones de forêt vierge étaient des hommes cupides, qui ont dépouillé les Indiens de leur or. Tout de suite après sont venus les missionnaires, puis les chercheurs. La situation est devenue alarmante lorsque l'homme a eu en main les moyens techniques pour laisser derrière lui des marques durables de son passage dans ces régions reculées. Le meilleur exemple, mais aussi le pire, est celui des fabricants d'objets en bois précieux, qui se sentent aussi bien chez eux en Europe qu'au Japon ou ailleurs. Ils furent les premiers à abattre de gigantesques pans de forêt vierge pour permettre l'accès des machines aux lieux qui les intéressaient. Ils n'anéantissent pas complètement la forêt, car ils sélectionnent les arbres atteignant une hauteur minimale, pour que la coupe soit rentable. Mais lorsqu'un arbre géant s'abat, il écrase une multitude d'autres plantes et arbrisseaux. Je pense que la forêt vierge pourrait supporter cette forme d'exploitation. L'évolution ultérieure est beaucoup plus inquiétante : grâce à ces nouvelles voies de communication, les paysans pauvres et sous-alimentés pénètrent toujours plus profondément à l'intérieur des forêts tropicales et deviennent ainsi responsables de la mort de la forêt vierge : les arbres et la végétation sont déssouchés, défrichés, puis brûlés. Il est faux de penser que le sol de la forêt vierge est très riche en substances nutritives. Sa croissance s'effectue sur une sorte d'autosuffisance : la feuille qui tombe à terre sert aussitôt de substance nutritive aux organismes vivants. C'est un cycle presque parfait, et le sol de la forêt vierge ne contient presque pas de réserves. Les paysans le savent et ils brûlent également les arbres. Ainsi, le sol s'enrichit-il pour une courte période, trois ou quatre récoltes peut-être. Ensuite, sa fertilité disparaît et il devient inculte. Il faut alors chercher un nouveau territoire, et les paysans recommencent à défricher et brûler. Ces pauvres parmi les pauvres arrivent juste à se maintenir en vie, en mettant au monde une abondante progéniture qu'il faut bien nourrir.

Les paysans partis, le sol de la forêt vierge est détruit pour toujours, il n'y pousse plus que de l'herbe. L'industrie réapparaît alors : de gros producteurs d'automobiles par exemple financeraient les défrichements. Lorsque les sols se transforment en steppe et que seule l'herbe pousse, les éleveurs de viande à steak arrivent d'Amérique du Nord, et mènent leurs immenses troupeaux sur ce sol ingrat où prospérait autrefois une forêt vierge fournie. Les grandes entreprises d'élevage de bovins seraient les instigateurs de la destruction de la forêt vierge au Paraguay. C'est criminel ! L'étroitesse de vues, origine de la destruction des forêts tropicales, est tellement amorale qu'elle pourrait bien s'inspirer de Satan en personne. Tant d'éléments devraient nous y opposer, la surpopulation par exemple ! Les multinationales contribuent à cette destruction, parce que les colons peuvent pénétrer grâce aux routes jusque dans les coins les plus reculés du monde. Non seulement on perturbe les peuples dits primitifs chez lesquels, durant des millénaires, une régulation naturelle des naissances s'est établie grâce à une mortalité infantile élevée, mais on leur impose notre culture, et on leur dérobe purement et simplement leur espace de vie en brûlant le forêt vierge.

Je ne veux pas savoir ce qui se passerait si un magnat du steak, un de ceux qui violentent la forêt tropicale, revenait chez lui à l'improviste et trouvait des étrangers labourant son jardin, abattant les palmiers et soulevant le toit de sa maison ! Les peuples primitifs doivent éprouver un sentiment analogue lorsque nous détruisons leur forêt, avec laquelle ils vivent en parfaite harmonie, sans causer aucun dégât, car ils ne lui soutirent rien de plus qu'un prédateur ou qu'un herbivore.

Les forêts vierges constituent des régulateurs climatiques très sensibles, qui influent sur le temps et les saisons dans le monde entier. En particulier, l'oxygène que nous respirons provient pour une part importante de la photosynthèse des forêts tropicales, ajoutée à celle des algues dans la mer.

Les effets d'une surpopulation ne se manifestent pas uniquement dans des contrées relativement isolées de notre terre. Ils se font également sentir dans les pays développés, dans les zones de grande concentration urbaine.

C'est là aussi un phénomène auquel j'ai beaucoup réfléchi. Ce surpeuplement qui sévit dans les grandes métropoles mondiales génère une sévère inexistence de chaleur dans les sentiments, réellement pathologique. Bon nombre de personnes ont remarqué combien les gens peuvent être accueillants dans un chalet d'alpage isolé. Sans vous connaître, on vous propose, comme la chose la plus évidente, de quoi manger et boire, ainsi qu'un endroit où dormir. Tentez donc l'expérience en ville ! Si vous pénétriez dans un appartement où vous êtes inconnu, on appellerait promptement la police !

J'ai moi-même vécu une scène inoubliable : nous recevions, ma femme et moi, un couple venant du Wisconsin, tous deux faisant profession de défenseur de la nature. Ils vivaient toute l'année en pleine nature sauvage, dans une petite maison, complètement isolée dans la forêt. Un soir, au moment du dîner, la sonnette de la porte d'entrée retentit alors que nous allions passer à table. Je m'écriai, un peu agacé : « Qui cela peut-il bien être encore ? » J'ai plus choqué mes invités que si je leur avais proposé de manger dans l'écuelle du chien ! Pour ce couple habitant toute l'année dans une contrée sauvage, il paraissait incompréhensible que l'on ne réagisse pas avec joie à une sonnerie inattendue...

Cette légère inimitié, qui augmente et atteint une intensité inouïe dans les grandes villes surpeuplées, est la première cause d'inhumanité. Les êtres humains n'ont pas été créés pour vivre longtemps entassés. On observe une diminution du sentiment de sympathie, qui se transforme rapidement en agressivité. Ce phénomène est particulièrement accentué dans les grandes villes d'Amérique du Nord, où des groupes de jeunes tailladent une centaine de pneus de voitures en une nuit, ou brisent des fenêtres, pour libérer leur agressivité accumulée. Ces faits peuvent être mis sur le compte de la surpopulation, véritable malédiction.

Il existe une seconde calamité pesant sur les pays très développés, surpeuplés : le niveau de confort. Il nous semble tellement habituel qu'un retour à un confort moindre paraît impossible, parce que l'homme ne veut plus renoncer aux avantages qu'il a acquis. Les pionniers le savaient bien, il y a cent ou deux cents ans, lorsqu'ils offraient de l'eau de feu aux Indiens. Ils avaient conscience qu'avec ce nouveau plaisir, ils pouvaient rendre les hommes primitifs dépendants. De nos jours, nous nous asservissons de la même façon.

L'homme moderne a instauré dans les pays très développés une série d'instruments funestes qui le placent dans une situation de totale dépendance. Qui accepterait de se priver de chauffage, de courant électrique ou de lumière ? Chez moi, lorsque le chauffe-eau tombe en panne et que je suis obligé de me raser à l'eau froide, je ne suis pas enchanté, même si je sais qu'autrefois on se passait de ce confort qu'est l'eau chaude courante. Le jour où une panne d'électricité générale s'est produite à New York, le chaos fut total. La plupart des gens ont cru que la fin du monde était arrivée.

Les pays très développés auront beaucoup de difficulté à faire marche arrière, alors qu'une croissance économique en augmentation mène forcément à la catastrophe. La croissance zéro ne devrait pas être une revendication théorique, mais une exigence concrète. Il faudrait en informer les partisans convaincus d'un développement économique forcené.

Si nous ne réussissons pas à endiguer la surpopulation et à maîtriser les dangers qu'elle induit, nous ne pourrons plus que dire : « Père, pardonne-leur... » Mon ami Otto Koenig a donné un jour un bel exemple pour illustrer le comportement contradictoire de l'homme dans le monde. « L'homme agit sur la terre comme le lapin en Australie », a-t-il déclaré.

L'homme se comporte comme s'il ignorait qu'il ne s'intègre pas dans l'univers, harmonieux par ailleurs, en raison de ses agissements. En ne s'intégrant pas, il détruit tout autour de lui. Le lapin n'est pas adapté à l'Australie. C'est l'homme qui l'a introduit. Parce qu'il s'est multiplié exagérément, il a transformé en peu de temps en déserts des territoires au sol cultivable. Si nous voulons maîtriser les problèmes cruciaux de ce monde (celui de la surpopulation étant l'un des plus graves), nous devrons modifier notre façon de penser. Nous devrons nécessairement adapter notre système de valeurs, et dévaloriser l'argent, le faire tomber du piédestal où nous le plaçons. Sur ce point, nous sommes en droit d'être un peu optimiste : parmi ceux qui n'ont pas encore vingt-cinq ans, nous n'en trouverons guère qui adorent l'argent. Nous en trouverons parmi les quadragénaires, et nous en compterons énormément chez les personnes de soixante ans. Il nous reste donc l'espoir fondé sur la jeunesse.

L'avenir sera-t-il un monde sans l'homme ?

Quand on songe à toutes les menaces qui pèsent sur nous, liées à la radioactivité, à la destruction des forêts et des écosystèmes aquatiques, etc., nous nous posons fatalement la question suivante : « Allons-nous à la catastrophe ? L'avenir sera-t-il un monde sans l'homme ? »

Tous les dangers que vous avez évoqués se font d'année en année plus inquiétants et plus graves ; je conserve l'espoir que l'homme réalise à temps l'urgence qu'il y a à trouver des remèdes, acceptables d'un point de vue moral, et assez efficaces pour sauver le monde. Ce sera difficile, et nous n'aurons pas seulement besoin de ceux qui mettent en garde, mais aussi de ceux qui agissent, c'est-à-dire des hommes politiques.

Pour reconnaître où réside le danger, il suffit d'être doté de bon sens. Nombreux sont ceux qui l'ont perdu de nos jours, parce que notre façon de penser est devenue flottante et indécise, et que nous croyons que le monde réel ne contient pas de vraies valeurs. C'est une erreur. Tout homme capable de voir les choses avec lucidité, sans être dépendant d'une éducation, d'une culture traditionnelle, peut en faire l'expérience. Percevoir l'existence de valeurs constitue une particularité dont nous devons considérer qu'elle existe chez tous les hommes. Ceux à qui on a inculqué une juste perception des formes ressentiront que le monde biologique est beau, et éprouveront de l'optimisme face à cette beauté. Ceux qui possèdent ces valeurs éprouveront un sentiment de pitié envers toute créature vivante et tout système naturel. Même un chercheur scientifique n'échappe pas à ce sentiment. L'exemple de Charles Darwin le montre bien : ayant découvert par hasard, au cours de sa grande expédition, une araignée inconnue prenant au piège un insecte dans sa toile, au lieu d'observer le processus qui menait à la mort de l'insecte, ce pour quoi il aurait dû éprouver un intérêt scientifique, il intervint pour le libérer !

Ces nobles qualités de l'homme se heurtent à certains obstacles que l'on trouve par exemple exprimés dans le refus de la faute collective. Rejeter sa responsabilité est dangereux. C'est ce qui arrive lorsqu'un homme accomplit son service militaire. Il sait de quoi il s'agit, mais il peut prétendre n'être pas responsable, même si une guerre s'annonce. Le même raisonnement prévaut lorsque qu'un ouvrier d'Amérique du Sud s'attaque avec sa tronçonneuse à un arbre gigantesque, en déclarant exécuter un ordre.

Un journaliste m'a demandé un jour pourquoi se mettre en émoi, et réclamer à cor et à cri des mesures de protection de l'environnement et de la nature, au lieu de laisser l'homme continuer sur sa lancée, jusqu'à ce que les hommes aient disparu, laissant un monde sans hommes. Au cours de l'évolution, il y a toujours eu des espèces animales et végétales qui se sont éteintes. Mais elles n'ont pas disparu complètement : elles ont été relayées par d'autres espèces mieux adaptées à de nouvelles conditions de l'environnement. Par exemple, une modification climatique naturelle a provoqué la désertification de régions verdoyantes il y a quelques centaines de milliers d'années, qui recelaient une grande variété de plantes et d'animaux. Cependant, même le désert le plus torride n'est pas mort. On y trouve des organismes vivants qui se sont adaptés à ces conditions extrêmes. Il en va de même pour les civilisations humaines. Si un Européen se rend dans le désert de Kalahari, il ne survivra pas deux jours s'il n'a pas apporté de l'eau et des provisions en quantité suffisante. Les indigènes qui vivent dans ce désert depuis des millénaires ont appris à s'adapter. Il ne pleut pratiquement jamais dans cette région, mais ils trouvent suffisamment de substances liquides dans diverses plantes pour rester en vie. La même chose vaut pour les Indiens vivant dans les forêts vierges d'Amérique du Sud. Lorsque les Espagnols, à l'époque de Cortès, ont envahi ces régions pour mettre les prétendus sauvages sous leur domination et pour s'emparer de leur or, une multitude de Blancs sont morts, non des suites de maladies tropicales, mais parce qu'ils avaient mangé des fruits sauvages : ils ne distinguaient pas les fruits comestibles des fruits toxiques. L'Indien, lui, les connaît, parce qu'il est adapté à son espace de vie. L'adaptation est un processus qui se rapporte à l'évolution. Or Darwin a découvert, entre autres choses, que l'évolution avait besoin de temps. Apparemment nous l'avons oublié. Entre l'extinction naturelle de l'espèce humaine et son extermination provoquée, la différence est grande.

Finalement l'être humain n'est qu'une plante parmi des multitudes d'autres. Pour l'instant, il est la plus élevée, mais il se trouve dans un état très instable parce qu'il est devenu trop intelligent, tellement intelligent qu'il perçoit avec suffisamment de pénétration les conditions naturelles de sa vie pour les détruire durablement, mais pas assez pour pouvoir les préserver. Si cela continue, on assistera non pas à la disparition, somme toute inéluctable à plus ou moins long terme, de l'espèce humaine, mais à son extermination pure et simple, par un holocauste massif provoqué par la radioactivité ou par la pollution complète de l'environnement, ou par tout autre motif. Si l'espèce humaine s'éteignait naturellement, cela signifierait que les êtres vivants les plus élevés auraient disparu. Ceux qui ne reconnaissent pas une valeur particulière à l'être humain décréteront : « Qu'il disparaisse ! Il sera remplacé par un autre être vivant dont l'évolution suivra une trajectoire analogue et qui deviendra l'être vivant le plus élevé. » Ce scénario est concevable. Il y a quelques centaines de milliers d'années existait un monde avec tous les animaux et toutes les plantes, mais sans êtres humains, qui fonctionnait à merveille, mieux même qu'avec les hommes. Mais nous courons actuellement le danger de nous exterminer nous-mêmes, et avec nous tous les autres organismes que nous détruirions en même temps. Voilà ce qui est immoral !

L'homme, sans nul doute, présente un caractère spécifique. Certes, une classification scientifique s'avère nécessaire : nous pouvons dire que les hommes sont des mammifères de la famille des primates. Cette définition est juste, mais c'est un blasphème de prétendre que les hommes sont seulement des mammifères de la famille des primates. Ils sont ce qui fait leur particularité, quelque chose d'autre que des mammifères, quelque chose de beaucoup plus intelligent : des êtres humains. Pour cette raison, il serait dommage que l'homme disparaisse.

Tout seul, l'homme n'a rien d'un être humain : il est d'abord un membre de la société. C'est déjà un peu le cas pour le chimpanzé et pour l'oie, ce ne l'est plus pour la moule. Parmi nos contemporains, nombreux sont ceux qui croient d'une façon quasi religieuse que rien ne pourrait arriver à l'homme. Ils sont convaincus que la technique et la recherche scientifique nous permettent d'édifier une sorte de bouclier de protection qui nous maintiendra en vie éternellement. Est-ce bien sûr ? Peut-être se réalisera cette vision d'un futur où nous habiterons tous en ville, où nous avalerons des pillules de synthèse en guise de nourriture, et où nous nous déplacerons avec des masques à oxygène. Peut-être est-ce réalisable d'un point de vue technique. Mais si on en arrivait là, l'être humain irait malgré tout à sa perte, parce qu'alors toutes les relations culturelles interhumaines s'effondreraient, avec pour conséquence la mort des sentiments qui, justement, caractérisent notre condition d'être humain. La perte des qualités propres à l'être humain aurait des conséquences aussi tragiques que la destruction du monde vivant harmonieux dont nous dépendons directement. Une chose doit être bien claire : jusqu'à présent, 90 pour cent des hommes vivaient de chasse ou de cueillette, le reste, soit 10 pour cent, pratiquait l'élevage de l'agriculture, et une proportion minime travaillait dans l'industrie. La structure sociale parvenue jusqu'à nous ne diffère guère de celle de l'âge de la pierre. Mais l'évolution de la civilisation s'est déroulée beaucoup plus rapidement que celle des espèces. La civilisation moderne actuelle a un effet pervers qui fait commettre à l'homme de graves erreurs.

L'exemple de la publicité illustre ce phénomène.

Un animal lors de la parade nuptiale, par exemple un oiseau qui gonfle son jabot pour impressionner la femelle, exécute ce rituel pour lui-même et au profit de l'espèce : l'oiseau qui aura accompli la plus belle parade obtiendra la partenaire convoitée. Ce processus de sélection permet aux plus forts de se reproduire et de se multiplier et maintient l'espèce saine.

L'homme aussi cherche à séduire, à faire de la réclame. En tant que scientifique, je me sens tenu de rester assis ici et de faire de la propagande pour une bonne cause, de même que je ressens comme un devoir de transmettre mes propres connaissances à des étudiants. On ne conçoit pas ce genre de propagande sans objectivité, notamment parce que l'on convainc avec des arguments logiques. Mais aujourd'hui la publicité emprunte des voies bien différentes. La transmission du message spécifiant l'existence d'un produit particulier n'est plus primordiale : ce sont les sentiments de l'acheteur potentiel qui sont stimulés. Les publicitaires ont fait apparaître par des méthodes scientifiques que la communication d'une réalité présente peu d'intérêt et qu'il faut toucher les couches les plus profondes de l'âme humaine pour réussir. De cette façon, il est facile de manipuler les masses. Face à une publicité pour une élégante voiture de sport, l'acheteur pense qu'au volant d'une telle voiture, il aura autant de succès et aussi belle allure que le conducteur qu'il voit dans le spot publicitaire. Comme l'a dit Aldous Huxley : « On ne vend pas de la crème de nuit, mais de l'espoir. » Dans de nombreux domaines, on nous promet le paradis sur terre.

Malheureusement les médias nous donnent une vision trop optimiste de la réalité, ce qui est immoral.

Dans certaines sagas familiales qui passent à la télévision, les forêts ne présentent pas la moindre trace de maladie. On nous montre un monde parfait, le monde de la publicité, et nous y croyons. Je reconnais que je regarde parfois ce genre de séries, mais seulement quand je suis très fatigué et que je n'ai prévu aucune activité plus intelligente. C'est reposant de savoir à l'avance que la fripouille finira toujours par être punie. Pour la même raison, je lis aussi Tolkien, qui travaille avec ces mêmes procédés infâmes et trompeurs. La plupart des gens éprouvent beaucoup de difficultés à retrouver le monde réel quand ils subissent quotidiennement l'influence de la publicité à la radio ou à la télévision.

Il en résulte un état d'esprit dangereux conduisant à refuser, rejeter ce qui procure de la gêne, ou du déplaisir. Il ne se trouve plus guère de gens désireux d'investir beaucoup de travail dans un objectif fixé, pour en retirer d'abord la joie que procure l'idée du projet à réaliser, et surtout celle que l'on éprouve une fois le travail terminé. Quels que soient les pôles d'intérêt, on recherche aujourd'hui la satisfaction immédiate d'un désir. Mais peu de gens ont conscience de l'asservissement qui en découle, parce qu'alors l'argent fait la loi.

Mon professeur Oskar Heinroth disait : « *Homo homini lupus* », l'homme est un loup pour l'homme. Je trouve une vérité profonde dans cette formule. Autrefois, la sélection sur l'homme était exercée par le tigre aux dents de sabre et l'ours des cavernes. De nos jours l'homme est confronté à l'homme, dans une lutte de pouvoir permanente pour la réussite professionnelle et l'aspiration à la puissance de l'argent. Cette rivalité est dangereuse, parce que toutes les valeurs que l'on ne peut pas acheter deviennent caduques. Pour cette raison, il se pourrait que l'humanité disparaisse lentement dans un futur proche et que sa fin, provoquée par le découragement, la démoralisation, soit douloureuse.

Pourtant, je reste optimiste. On sait par les animaux qui font leur parade amoureuse que les mensonges en publicité ne résistent pas à l'épreuve de la réalité. Mon optimisme m'incline à croire que les choses se sont un peu améliorées dans les médias. L'humanité a encore beaucoup à apprendre, mais elle doit apprendre vite. L'étude du passé nous enseigne que les progrès sont lents parce que les masses ont une inertie trop grande. Tout risque d'arriver si nous continuons à penser dans la lignée actuelle. D'immenses territoires seront transformés en steppe si nous ne mettons pas un terme à la mort des forêts. Si nous anéantissons la forêt vierge qui, nous le savons, ne se régénère pas lorsqu'elle est détruite (et elle l'est déjà sur des surfaces de l'importance de la République fédérale d'Allemagne), le climat subira des modifications ; les glaciers situés aux pôles peuvent fondre en partie et provoquer d'effroyables inondations. Si nous tuons les océans, des organismes nécessaires à notre survie à tous disparaîtront, ainsi que les algues qui fournissent de l'oxygène. Nous pourrions prolonger ainsi la liste de ces funestes possibilités et les détailler. Tous les dangers qui nous guettent à l'avenir constituent une mosaïque colorée, et nous n'avons pas le droit de continuer à repousser le moment de nous en préoccuper. Les hommes politiques et les puissants de ce monde ne devraient pas conserver leurs œillères plus longtemps. C'est à eux qu'il revient d'entreprendre quelque chose. Lorsqu'une personne souffrant d'une crise d'appendicite aiguë est transportée à la clinique, on ne peut pas dire : « Nous devons réfléchir au cas, puis nous mettre d'accord sur la marche à suivre. Nous verrons la semaine prochaine ou le mois prochain. » Entre-temps, le malade serait mort... Il en est de même pour les problèmes urgents qui menacent l'ensemble de l'humanité : si nous attendons trop longtemps, l'issue sera fatale.

Un quaker que je connais a déclaré un jour : « Le fait de croire, c'est la conscience d'appartenir, en toute responsabilité, à une communauté, qui est beaucoup plus noble que l'individu, que soi-même. » J'espère que ce sentiment de responsabilité de la personne peut être transféré à notre entité biologique Monde, même si, individuellement, les hommes ne savent pas ce que représente l'univers biologique

Table des matières

Cet ouvrage a été composé
par l'Imprimerie BUSSIÈRE
et imprimé sur presse CAMERON
dans les ateliers de la S.E.P.C.
à Saint-Amand-Montrond (Cher)
en février 1990
pour le compte des Éditions Stock
22, avenue Pierre-Ier-de-Serbie, 75116 Paris

Imprimé en France

Dépôt légal : Février 1990.
N° d'Édition : 6318. N° d'Impression : 10503-2692.
54-07-3874-01

ISBN 2-234-02233-9

54-3874-2